WILHELM BRUNS

Der strafrechtliche Schutz der europäischen Marktordnungen für die Landwirtschaft

Schriften zum Internationalen Recht

Band 19

Der strafrechtliche Schutz der europäischen Marktordnungen für die Landwirtschaft

Von

Dr. Wilhelm Bruns

DUNCKER & HUMBLOT / BERLIN

Gedruckt 1980 bei Buchdruckerei A. Sayffaerth - E. L. Krohn, Berlin 61
Printed in Germany
ISBN 3 428 04656 0

Meinen Eltern

Vorwort

Die vorliegende Arbeit ist im Mai 1979 von der rechtswissenschaftlichen Fakultät der Albert-Ludwigs-Universität in Freiburg im Breisgau als Dissertation angenommen worden.

Mein besonderer Dank gilt zunächst Herrn Prof. Dr. Klaus Tiedemann, der diese Arbeit betreute, für seine wertvollen Anregungen und hilfreiche Unterstützung.

Dank schulde ich auch den Dienststellen der Kommission der Europäischen Gemeinschaften in Brüssel sowie nationalen Behörden und Institutionen, die mir teilweise in großzügiger Weise Auskünfte gaben und Einblicke in verschiedene Praktiken der rechtlichen Handhabung gewährten.

Besonders erwähnen möchte ich Herrn Dr. Hartmut Johannes, Brüssel, Herrn Rechtsanwalt Dr. Klaus Ehle, Köln, Herrn Ministerialrat Nikolaus Haberland, Bonn, sowie M. Jean Cosson, Richter am Cour de Cassation in Paris, denen ich für die Gespräche und Anregungen ebenfalls meinen Dank ausspreche.

Freiburg im Breisgau, im Januar 1980

Wilhelm Bruns

Inhaltsverzeichnis

Drittes Kapitel

Die Strafbarkeit der Abschöpfungshinterziehung und der Subventionserschleichung in Deutschland, Frankreich und Italien

Viertes Kapitel

Mögliche Konsequenzen der derzeitigen unterschiedlichen Regelungen

Fünftes Kapitel

Möglichkeiten einer einheitlichen Ausgestaltung des strafrechtlichen Schutzes der Marktordnungen

Abkürzungsverzeichnis

ABl.	= Amtsblatt
ABl.EG	= Amtsblatt der Europäischen Gemeinschaften
Abs.	= Absatz
AG	= Aktiengesellschaft
Alt.	= Alternative
Anm.	= Anmerkung
AO	= Abgabenordnung
AWD	= Außenwirtschaftsdienst des Betriebs-Beraters
Bd.	= Band
BGBl.	= Bundesgesetzblatt
BGH	= Bundesgerichtshof
BGHSt	= Entscheidungen des Bundesgerichtshofes in Strafsachen
BMF	= Bundesministerium der Finanzen
BT	= Bundestag
Bull.	= Bulletin
C.E.E.	= Communauté Economique Européenne
DB	= Der Betrieb (Zeitschrift)
DDR	= Deutsche Demokratische Republik
Diss.	= Dissertation
DM	= Deutsche Mark
DStZ	= Deutsche Steuer-Zeitung
EAGFL	= Europäischer Ausrichtungs- und Garantiefond für die Landwirtschaft
EAGV	= Vertrag zur Gründung der Europäischen Atomgemeinschaft
EG	= Europäische Gemeinschaften
EGKSV	= Vertrag über die Gründung der Europäischen Gemeinschaft für Kohle und Stahl
EP	= Europäisches Parlament
EuGH	= Europäischer Gerichtshof
EuR	= Europarecht
EWG	= Europäische Wirtschaftsgemeinschaft
EWGV	= Vertrag zur Gründung der Europäischen Wirtschaftsgemeinschaft
Fa.	= Firma
FAZ	= Frankfurter Allgemeine Zeitung
FB	= Franc belge
F.C.D.	= Code des Douanes (Frankreich)
F.C.P.	= Code pénal (Frankreich)
FF	= Franc français
F.I.D.E.	= Fédération Internationale pour le Droit Européen
fin.	= final
GA	= Goltdammer's Archiv für Strafrecht

Hg.	= Herausgeber
I.C.D.	= italienisches Zollgesetz
I.C.P.	= Codice penale (Italien)
iur.	= juristisch
JZ	= Juristenzeitung
Kap.	= Kapitel
kg	= Kilogramm
lit.	= littera
Mio.	= Millionen
NJW	= Neue Juristische Wochenschrift
Nr., no.	= Nummer
PE	= Parlement Européen
Prot.	= Protokolle
RE	= Rechnungseinheit
Rev.int.Dr.pén.	= Revue international de Droit pénal
RMC	= Revue du Marché Commun
RsprGH	= Sammlung der Rechtsprechung des Gerichtshofes der Europäischen Gemeinschaften
R.W.	= Rechtskundig Weekblad
SEW	= Sociaal Economische Wetgeving
StGB	= Strafgesetzbuch
SubvG	= Subventionsgesetz
t	= Tonne
VO	= Verordnung
Vol.	= Volume
ZfRV	= Zeitschrift für Rechtsvergleichung
ZRP	= Zeitschrift für Rechtspolitik
ZStW	= Zeitschrift für die gesamte Strafrechtswissenschaft

Einleitung

Die Problematik des Strafrechts im Recht der Europäischen Gemeinschaften gewinnt zunehmend an Bedeutung. Während das Strafrecht in der Gemeinschaft zunächst nur ein Randproblem darstellte[1], tritt es im Zuge fortschreitender Integration des europäischen Marktes bewußter in Erscheinung: Die Angleichung des Wirtschaftsrechts bleibt nicht ohne Auswirkungen auf das Wirtschaftsstrafrecht und auf die Wirtschaftskriminalität[2].

In den römischen Verträgen ist eine ausdrückliche gemeinschaftliche Regelung für das Strafrecht nicht vorgesehen[3]. Dennoch gibt es seit 1962 Bemühungen, eine bessere Zusammenarbeit der EG-Mitgliedstaaten auf dem Gebiet des Strafrechts zu erreichen; sowohl die Kommission als auch das europäische Parlament haben sich in Vorschlägen und Stellungnahmen mit einer Harmonisierung des Strafrechts in der Gemeinschaft befaßt[4]. Die Ursachen für den schleppenden Anlauf der strafrechtlichen Diskussion sind vielseitig: Die Mitgliedstaaten sehen im Strafrecht den Ausdruck nationaler Souveränität; ein Gemeinschaftsstrafrecht würde demnach den Verzicht auf oder einen Eingriff in eben diese Souveränität darstellen[5]. Bedeutsam erscheint ferner, daß mit dem Begriff „Strafrecht" gemeinhin Delikte wie Mord und Totschlag, Diebstahl und Raub verbunden werden[6]. Dabei wird jedoch übersehen, daß derartige Delikte nicht Gegenstand eines gemeinschaftlichen Strafrechts sein sollen und eine einheitliche Regelung für diese Tatbestände auch nicht wünschenswert wäre: Da das Strafrecht die historischen, kulturellen und soziologischen Eigenarten eines Landes widerspiegelt, würde eine gemeinschaftsrechtliche Regelung für diese Straftaten diese nationalen Eigenarten nicht genügend berücksichtigen[7]. Das Strafrecht umfaßt jedoch nicht nur diese „klassischen" Delikte,

---

1 *Jescheck*, ZStW 65 (1953), S. 496; vgl. auch *Geerds*, S. 273, insbes. S. 281 f.

2 Zum Begriff der Wirtschaftskriminalität vgl. *Tiedemann*, Wirtschaftsstrafrecht Bd. 1, S. 42 ff. m.w. Nachw.

3 *Johannes*, EuR 1968, S. 66; *de Précigout*, RMC 1962, S. 143; *Delmas-Marty*, La délinquance, S. 121; *Tiedemann*, Wirtschaftsstrafrecht Bd. 2, S. 216.

4 Vgl. unten, 5. Kap. I.

5 Vgl. hier nur *Johannes*, ZStW 83 (1971), S. 542.

6 Vgl. *Tiedemann*, Wirtschaftsstrafrecht Bd. 1, S. 17; *Johannes*, ZStW 83 (1971), S. 543.

7 Dies übersieht *Geerds*, S. 273, 286, der einerseits auf die sozialen, wirtschaftlichen und kulturellen Unterschiede hinweist, andererseits aber fest-

sondern regelt auch die Ahndung von Zuwiderhandlungen gegen Vorschriften des Wirtschaftsrechts wie z. B. des Zoll- und Steuerrechts. In dem Maße, in dem eine Angleichung des Wirtschaftsrechts erfolgt, erhöht sich das Bedürfnis nach einem entsprechenden einheitlichen Strafrechtsschutz. Aus der Funktion der europäischen Verträge, die primär eine Wirtschaftsverfassung zum Gegenstand haben[8], ergibt sich, daß ein Gemeinschaftsstrafrecht sich im wesentlichen auf den Bereich des Wirtschaftsstrafrechts wird beschränken müssen[9].

Im Rahmen dieser Wirtschaftsverfassung nehmen die europäischen Marktordnungen für die Landwirtschaft eine besondere Stellung ein: Mit den Preisregelungen der Marktordnungen sind neue, von der Gemeinschaft geregelte und für die ganze Gemeinschaft geltende Instrumente geschaffen worden[10]. Gerade in diesem Bereich ist das Interesse an einer einheitlichen strafrechtlichen Regelung für das gesamte Gemeinschaftsgebiet gestiegen[11]. Verstöße gegen die Marktordnungen stellen Angriffe gegen Gemeinschaftsinteressen dar[12]. Es besteht Unklarheit, ob derartige Verstöße immer geahndet werden oder geahndet werden können[13]. Ferner dürfte die Höhe der zu Unrecht gezahlten oder nicht erhobenen Geldbeträge für dieses gesteigerte Interesse eine

---

stellt: „Die Angleichung des Rechts und damit auch des Strafrechts im europäischen Raum ist — örtlich und sachlich möglichst umfassend — eine gebieterische Notwendigkeit geworden.“

Vgl. allgemein zur Rechtsangleichung, *von der Groeben*, ZfRV 1967, S. 130: Sie „kann für die Gemeinschaft ... kein Selbstzweck sein. Sie gehört nicht zu den Zielsetzungen des Vertrages, sondern zu den Mitteln und Befugnissen, die der Gemeinschaft zur Erfüllung ihrer Aufgaben in die Hand gegeben sind“.

[8] *Ipsen*, S. 563 ff.

[9] *Pabsch*, S. 18; *Johannes*, EuR 1968, S. 66; *ders.*, ZStW 83 (1971), S. 532 f., insbes. S. 546 ff.; eine Angleichung der Tatbestände des Wirtschaftsstrafrechts hält *Grasse*, S. 86, „zumindest im EWG-Raum für dringend erforderlich“.

Nach *Johannes*, Rev.int.Dr.pén. 1971, S. 82, liegt in der Beschränkung auf das Wirtschaftsstrafrecht auch der Unterschied zwischen den strafrechtlichen Harmonisierungsbestrebungen im Europarat und in der EWG: Die Zielsetzung der Harmonisierung betrifft im Europarat das allgemeine Strafrecht, in der EWG hingegen das Wirtschaftsstrafrecht.

[10] Allgemein für die unmittelbare Geltung der Vorschriften des Agrarrechts, *Pescatore*, EuR 1970, S. 310.

[11] Vgl. hierzu die Ergebnisse der Kommission I (Landwirtschaft) des V. Internationalen Kongresses für Europarecht der F.I.D.E. in Berlin, mitgeteilt bei *Brändel*, EuR 1971, S. 74: Es ist dringend notwendig, „gemeinschaftseinheitliche Sanktionen zu schaffen, um die Verletzung von Marktordnungsvorschriften einheitlich ahnden zu können“.

Allgemein zum wachsenden Interesse der Öffentlichkeit an dem Wirtschaftsstrafrecht und der Wirtschaftskriminalität *Tiedemann*, Wirtschaftsstrafrecht Bd. 1, S. 14 ff.

[12] Vgl. allgemein zu Angriffen gegen Gemeinschaftsinteressen, *Pabsch*, S. 23.

[13] Vgl. Rat R/964/71 (JUR 34) Annex S. 2; Kommission SEK (74) 4227 endg., S. 1 f.; dies. SEK (75) 37 endg., S. 4, 10.

wesentliche Rolle spielen, was sich auch in den Schlagzeilen der internationalen Presse widerspiegelt[14].

Gegenstand der vorliegenden Untersuchung ist der strafrechtliche Schutz dieser europäischen Marktordnungen. Die Vielfalt der Regelungen auf diesem Gebiet sowie die mannigfachen Subventionsmaßnahmen stellen eine der Ursachen dar, Betrügereien und Manipulationen zu begehen. Zu den wichtigsten Fällen deliktischen Verhaltens auf diesem Sektor gehören die Abschöpfungshinterziehung und die Subventionserschleichung. Typische Erscheinungsformen werden an Hand ausgewählter Beispielsfälle dargestellt. Eine vergleichende Untersuchung der auf die Zuwiderhandlungen anwendbaren Strafbestimmungen in Deutschland, Frankreich und Italien soll aufzeigen, ob in diesen EG-Mitgliedstaaten ein effektiver und gleichmäßiger strafrechtlicher Schutz besteht; typische Begleitdelikte wie Urkundenfälschung und Bestechung werden in diese Darstellung nicht mit einbezogen. Soweit Unterschiede festgestellt werden, wird nach den Konsequenzen gefragt werden müssen, die sich hieraus ergeben. Im letzten Teil der Arbeit sollen schließlich Möglichkeiten aufgezeigt werden, wie ein einheitlicher strafrechtlicher Schutz der europäischen Marktordnungen sichergestellt werden kann.

---

[14] z. B.: Neue Zürcher Zeitung vom 23. 4. 1971, S. 17: „Sündiges aus dem EWG-Alltag"; FAZ vom 11. 3. 1971, S. 13: „Schwindel ohne Risiko"; Die Zeit vom 23. 3. 1970, S. 25: „Das umfunktionierte Butterschmalz — Wie man an EWG-Marktordnungen verdienen kann."

Erstes Kapitel

Einführung in das System der gemeinsamen Marktordnungen

I. Die rechtliche Grundlage

Die rechtliche Grundlage für eine gemeinsame Agrarpolitik bilden die Art. 38 - 47 EWGV. Art. 39 EWGV nennt die fünf Ziele dieser Agrarpolitik:

- — Produktivitätsförderung in der Landwirtschaft;
- — eine angemessene Lebenshaltung für die Personen, die in der Landwirtschaft tätig sind;
- — die Stabilisierung der Märkte;
- — die Sicherstellung der Versorgung;
- — die Belieferung der Verbraucher zu angemessenen Preisen.

Um diese Ziele zu erreichen, sieht Art. 40 Abs. 2 EWGV drei mögliche Organisationsformen vor:

- — gemeinsame Wettbewerbsregeln;
- — die bindende Koordinierung der verschiedenen nationalen Marktordnungen;
- — eine europäische Marktordnung.

Die letztgenannte Organisationsform ist bisher immer zur Erreichung dieser Ziele gewählt worden[1]. Fast 95 % der landwirtschaftlichen Produkte fallen unter eine gemeinsame Marktordnung[2]. Bisher gibt es folgende Marktordnungen für: Getreide[3], Reis[4], Zucker[5], Olivenöl[6],

---

[1] *Ehle / Meier*, D 147; Kommission, Mitteilungen, S. 2.

[2] Vgl. *van Dinter*, S. 4.

[3] Verordnung Nr. 120/67/EWG des Rates vom 13. 6. 1967 in ABl.EG Nr. 117 vom 19. 6. 1967.

[4] Verordnung Nr. 359/67/EWG des Rates vom 25. 7. 1967 in ABl.EG Nr. 174 vom 31. 7. 1967.

[5] Verordnung Nr. 1009/67/EWG des Rates vom 18. 12. 1967 in ABl.EG Nr. 308 vom 18. 12. 1967.

[6] Verordnung Nr. 136/66/EWG des Rates vom 22. 9. 1966 in ABl.EG Nr. 172 vom 30. 9. 1966.

Milch und Milcherzeugnisse[7], Schweinefleisch[8], Eier[9], Geflügelfleisch[10], Ölsaaten[11], Tabak[12], Wein[13], Obst und Gemüse[14], Fische[15], Rindfleisch[16], Blumen[17], Textilfasern[18], Saatgut[19], Hopfen[20], für bestimmte im Anhang II des Vertrages aufgeführte Erzeugnisse[21] sowie für künstlich getrocknetes Futter[22].

II. Inhalt der Marktordnungen

Die Marktordnungen stellen das System der gesetzlichen Vorschriften dar, die Maßnahmen der Marktregulierung beinhalten[23]. Kern der Marktordnungen ist die „Festlegung eines einheitlichen Preisniveaus für den Binnenmarkt" und die „Absicherung dieses Preisniveaus durch Maßnahmen auf dem Binnenmarkt (insbesondere Interventionssystem) und gegenüber Drittländern"[24].

---

7 Verordnung Nr. 804/68/EWG des Rates vom 27. 6. 1968 in ABl.EG Nr. 148 vom 28. 6. 1968.

8 Verordnung Nr. 121/67/EWG des Rates vom 13. 6. 1967 in ABl.EG Nr. 117 vom 19. 6. 1967.

9 Verordnung Nr. 122/67/EWG des Rates vom 13. 6. 1967 in ABl.EG Nr. 117 vom 19. 6. 1967.

10 Verordnung Nr. 123/67/EWG des Rates vom 13. 6. 1967 in ABl.EG Nr. 117 vom 19. 6. 1967.

11 Verordnung Nr. 136/66/EWG des Rates vom 22. 9. 1966 in ABl.EG Nr. 172 vom 30. 9. 1966.

12 Verordnung Nr. 727/70/EWG des Rates vom 21. 4. 1970 in ABl.EG Nr. L 94 vom 28. 4. 1970.

13 Verordnung Nr. 816/70/EWG des Rates vom 28. 4. 1970 in ABl.EG Nr. L 99 vom 5. 5. 1970.

14 Verordnung Nr. 1035/72/EWG des Rates vom 18. 5. 1972 in ABl.EG Nr. L 118 vom 20. 5. 1972.

15 Verordnung Nr. 2142/70/EWG des Rates vom 20. 10. 1970 in ABl.EG Nr. L 236 vom 27. 10. 1970.

16 Verordnung Nr. 805/68/EWG des Rates vom 27. 6. 1968 in ABl.EG Nr. L 148 vom 28. 6. 1968.

17 Verordnung Nr. 234/68/EWG des Rates vom 27. 2. 1968 in ABl.EG Nr. L 55 vom 2. 3. 1968.

18 Verordnung Nr. 1308/70/EWG des Rates vom 29. 6. 1970 in ABl.EG Nr. L 146 vom 4. 7. 1970.

19 Verordnung Nr. 2358/71/EWG des Rates vom 25. 10. 1971 in ABl.EG Nr. L 246 vom 5. 11. 1971.

20 Verordnung Nr. 1696/71/EWG des Rates vom 26. 7. 1971 in ABl.EG Nr. L 175 vom 4. 8. 1971.

21 Verordnung Nr. 827/68/EWG des Rates vom 28. 6. 1968 in ABl.EG Nr. L 151 vom 30. 6. 1968.

22 Verordnung Nr. 1067/74/EWG des Rates vom 30. 4. 1974 in ABl.EG Nr. L 120 vom 1. 5. 1974.

23 *Seelmäcker*, S. 3.

24 *Ehle / Meier*, D 144.

Die Marktordnungen enthalten neben gemeinsamen Handelsregelungen für den Im- und Export zwischen den Mitgliedstaaten einerseits und Drittländern andererseits auch Maßnahmen zur Preisregelung[25]. Zu diesen Maßnahmen der Preisregelung gehören sowohl die Abschöpfungen bei der Einfuhr aus Drittländern als auch die Erstattungen bei der Ausfuhr in Drittländer[26]. Daneben sehen die Marktordnungen noch Währungsausgleichsabgaben, innergemeinschaftliche Beihilfen sowie ein Interventionssystem auf dem Binnenmarkt vor[27].

1. Die Abschöpfung[28]

Die Abschöpfung ist an die Stelle der Zölle und mengenmäßigen Einfuhrbeschränkungen getreten und wird beim Import der meisten[29] landwirtschaftlichen Produkte aus Drittländern erhoben[30]. Durch die Abschöpfung wird die Differenz zwischen dem Weltmarktpreis und dem innergemeinschaftlichen Preisniveau ausgeglichen. Der wegen der günstigeren Produktionskosten in den Drittländern[31] oftmals niedrigere Weltmarktpreis[32] wird künstlich auf den höheren innergemeinschaftlichen Marktpreis geschleust[33]. Die Abschöpfung dient somit zur Sicherung des geplanten innergemeinschaftlichen Preisstandes und ist als „Instrument zur Sicherung der internen Preisplanziele" anzusehen[34]. Die Höhe der Abschöpfungsbeträge wird von der Kommission im voraus festgesetzt und ist für die ganze Gemeinschaft gleich[35]. Die Abschöpfungsbeträge sind beweglich und können je nach Marktlage geändert werden[36]. Bei der Festsetzung der Abschöpfungsbeträge kommt es nicht auf den im Einzelfall gezahlten Kaufpreis an; es wird vielmehr auf das günstigste Weltmarktangebot abgestellt[37].

Seit der Entscheidung des Ministerrats vom 20. April 1970 sind die Abschöpfungen Eigeneinnahmen der Gemeinschaft, die von den Mit-

---

25 *Ipsen*, S. 837 f.

26 *Götz*, NJW 1968, S. 1547.

27 Vgl. hierzu *Ipsen*, S. 847 ff.; *Seelmäcker*, S. 23 ff.

28 Wegen der Beschränkung auf die Abschöpfungshinterziehung und die Subventionserschleichung wird hier nur das System der Abschöpfungen und Ausfuhrerstattungen kurz dargestellt.

29 Nicht alle Marktordnungen sehen Abschöpfungen zwingend vor; vgl. *Ehle / Meier*, D 148, 149.

30 *Ipsen*, S. 850; Les dossiers, no. 2, S. 4.

31 Les dossiers, no. 2, S. 3; *Krause*, S. 173 f.

32 1976 zum Beispiel lagen die Erzeugerpreise in der Gemeinschaft „im allgemeinen weit über den Weltmarktpreisen"; vgl. Kommission, 10. Gesamtbericht, S. 181.

33 *Seelmäcker*, S. 24.

34 *Götz*, S. 1547; vgl. auch Les dossiers, no. 2, S. 4.

35 Les dossiers, no. 2, S. 4.

36 BGH NJW 1973, S. 1562 f.

37 *Ipsen*, S. 850.

gliedstaaten erhoben werden. Die Mitgliedstaaten überweisen die Beträge an die Gemeinschaft und erhalten 10 % der von ihnen eingezogenen Abschöpfungen als Verwaltungskosten zurück[38]. Die Verwaltung dieser Einnahmen obliegt dem Europäischen Ausrichtungs- und Garantiefond für die Landwirtschaft (EAGFL), Abteilung „Garantie“[39].

2. Die Ausfuhrerstattung

Damit die Produzenten der Gemeinschaft auf dem Weltmarkt in Wettbewerb treten können, sehen die Marktordnungen Subventionsmaßnahmen vor, die sogenannten Ausfuhrerstattungen[40]. Mit Hilfe dieser Erstattungen werden beim Export die — innergemeinschaftlichen — Preise herabgesetzt, so daß der Erzeuger bzw. Exporteur auf dem billigeren Weltmarkt konkurrenzfähig ist und gleichwohl einen gewissen Mindesterlös erzielt[41]. Die Ausfuhrerstattung ist somit ebenfalls als ein Instrument zur Sicherung des Preisplanziels anzusehen[42]. Sie bildet gleichsam die „Kehrseite“ der Abschöpfung[43]. Die Erstattungen werden — wie die Abschöpfungen — von der Kommission festgelegt, sind jedoch je nach Bestimmungsland der ausgeführten Ware unterschiedlich hoch[44]. Sie sind Ausgaben des Europäischen Ausrichtungs- und Garantiefonds für die Landwirtschaft, Abteilung „Garantie“ und werden nationalen Organen bzw. Organisationen[45] ausgezahlt[46]; diese leiten die Erstattungen an die Exporteure weiter.

---

38 Kommission, Contrôle des recettes et des dépenses, Vol. I, S. 16.

39 Der Abteilung „Ausrichtung“ des EAGFL obliegen die Maßnahmen zur Strukturverbesserung; vgl. *Olmi*, JUR/2031/70, S. 5.

40 *Ehle / Meier*, D 151.

41 Vgl. u. a. *Ipsen*, S. 849; *Seelmäcker*, S. 26; *Olmi*, JUR/2031/70, S. 12.

42 *Götz*, NJW 1968, S. 1547.

43 *Seelmäcker*, S. 26.

44 *Rahn*, AWD 1971, S. 111; *ders.*, AWD 1973, S. 139.

45 Vgl. die Aufstellung in ABl.EG Nr. 27 vom 17. 3. 1972.

46 Kommission, Contrôle des recettes et des dépenses, Vol. I, S. 26 f.

Zweites Kapitel

Erscheinungsformen der Delinquenz[1]

I. Die Subvention als Anreiz für kriminelle Handlungen

Die Subventionierung[2] als solche ist ein „kriminogener Faktor hohen Ranges“[3]. „Die rechtliche Möglichkeit, eine Leistung ohne Gegenleistung allein aufgrund abstrakter Kriterien zu erlangen, enthält notwendigerweise den Anreiz, die Erfüllung dieser Kriterien vorzutäuschen[4].“ Dies muß um so mehr gelten, je komplizierter und detaillierter die der Subventionsvergabe zugrunde liegenden Regelungen sind.

Eine Umfrage[5] unter französischen Unternehmen ergab, daß gut drei Viertel der Unternehmer die Frage bejahen, ob die Kompliziertheit der EG-Verordnungen zu Schwierigkeiten bzw. Unregelmäßigkeiten führen könne; einige gaben sogar offen zu, von der Kompliziertheit der EG-Verordnungen für die Begehung von Vergehen zu profitieren. Andere beklagen die sich häufig widersprechenden Gesetze, die mangelnde Praktikabilität sowie „Inflation“ der Gesetzgebung. Häufig wurden auch Schwierigkeiten in bezug auf Zollfragen genannt sowie auf fehlgeleitete Subventionen hingewiesen. Diese Antworten lassen den Schluß zu, daß die EG-Gesetzgebung aus der Sicht der Normunterworfenen zu vielen Schwierigkeiten führt, die ungewollte oder auch gewollte Unregelmäßigkeiten nach sich ziehen[6].

Speziell das Marktordnungsrecht, das zum „Prototyp einer unübersichtlichen, perfektionierten Rechtsmaterie“[7] geworden ist, gilt als „ideales Betätigungsfeld“[8] für strafrechtlich relevante Handlungen[9].

---

[1] Der Begriff der „Delinquenz“ wird hier in dem von *Tiedemann*, Wirtschaftsstrafrecht Bd. 2, S. 76, im Anschluß an *Zirpins* erläuterten Sinn verwendet: Nicht nur die eigentliche Kriminalität, sondern auch die Verhaltensweisen fallen unter diesen Begriff, die dem „Gebaren und der Vorstellung eines ordentlichen Wirtschafters von Anstand und Sitte im Wirtschaftsleben“ widersprechen.

[2] Allgemein zum Subventionsbegriff, vgl. *Tiedemann*, Subventionskriminalität, S. 21 ff.

[3] *Tiedemann*, Subventionskriminalität, S. 357 f.

[4] *Tiedemann*, Subventionskriminalität, S. 358.

[5] Vgl. ausführlich *Delmas-Marty*, La criminalité, S. 38 f.

[6] *Delmas-Marty*, La criminalité, S. 39.

[7] *Tiedemann*, NJW 1972, S. 663.

[8] *Krause*, S. 175.

Ein weiterer Anreiz für die Subventionskriminalität, der diese als besonders „lukrativ" erscheinen läßt, ist die Möglichkeit, relativ hohe Geldbeträge zu erlangen[10]. Die Subventionserschleichungen gehören zu den umfangreichsten Betrügereien mit den größten Schadenssummen[11]. Auf dem Gebiet des Subventionsschwindels stellen die „unberechtigt erlangten Erstattungen auf den Export von Agrargütern in Drittländer alles in den Schatten"[12]. Die der Kommission vom 1. Juli 1976 bis zum 30. Juni 1977 aufgrund der Verordnung (EWG) Nr. 283/72 des Rates[13] von den Mitgliedstaaten gemeldeten 171 Fälle von Unregelmäßigkeiten haben Ausgaben in Höhe von 7 227 235 RE betroffen, wobei für 22 Fälle der Betrag noch nicht ermittelt war[14].

Daß diese Mitteilungen an die Kommission nur einen Teil der bekanntgewordenen Unregelmäßigkeiten ausmachen, ergibt sich aus einem Vergleich mit den Statistiken[15] für 1976 bis 1978 betreffend Unregelmäßigkeiten in Deutschland für den gesamten Bereich des Verkehrs mit Marktordnungswaren: 1978 (in Klammern jeweils die Vergleichszahlen für 1977 und 1976) wurden 692 (602; 136) Verfahren wegen Zuwiderhandlungen im Bereich des Verkehrs mit Marktordnungswaren rechtskräftig durch Bußgeldbescheide, Einziehungsbescheide, Beschlüsse oder Urteile erledigt und 577 (300; 192) Fälle durch Verwarnungen oder Einstellungsverfügungen rechtskräftig erledigt. Als Folge von Prüfungen und Ermittlungen werden für 1978 nachgefordert bzw. wurden vereinnahmt an Abschöpfungen DM 120 244,71 (310 260,47; 71 456,22) und an Ausfuhrerstattungen wurden zurückgefordert bzw. nicht gewährt DM 2 303 984,02 (608 595,91; 204 300,53).

Nach Schätzungen eines Brüsseler Experten geraten 10 bis 20 % der Subventionen in falsche Hände, wobei nicht geklärt ist, wie groß der Anteil an echten Straftaten und der an dem bloßen Ausnutzen von Lücken im Marktordnungsrecht ist[16]. Es ergibt sich demnach eine beachtliche Größenordnung fehlgeleiteter Mittel, die noch durch die Fälle, die gar nicht erst bekannt werden, verstärkt wird[17].

---

9 Nach *Johannes*, Rev.int.Dr. pén. 1971, S. 83, haben sich die „landwirtschaftlichen Marktordnungen der EWG als der Tummelplatz erstaunlicher krimineller Energie erwiesen".

10 *Opp*, S. 15.

11 *Götz*, Subventionserschleichung, S. 9; für *Delmas-Marty*, La délinquance, S. 67, ist die Erstattungserschleichung der bedeutendste Fall des Betruges.

12 *Götz*, Subventionserschleichung, S. 12.

13 ABl.EG Nr. L 36 vom 10. 2. 1972, S. 1 ff.

14 Kommission, 11. Gesamtbericht, S. 198.

15 Statistik auf dem Gebiet der Überwachung des Außen- und innerdeutschen Wirtschaftsverkehrs sowie der gemeinsamen Marktorganisationen für das Jahr 1978 bzw. 1977 und 1976, Hg. Bundesministerium der Finanzen.

16 *Johannes*, Rev.int.Dr.pén. 1971, S. 83.

II. Typische Merkmale der Tatbegehung

Die Höhe der im Einzelfall zu erhebenden Abschöpfung bzw. der zu gewährenden Erstattung richtet sich nach der Qualität und Quantität der Ware sowie nach dem Verkaufspreis und dem Bestimmungsland. Auf diese Berechnungskriterien beziehen sich die Manipulationen der Täter, die einmal mittels direkter Einwirkung auf die Qualität bzw. Zusammensetzung der Ware, zum anderen mittels Urkundenfälschung, Bestechung und Ausstellens von Gefälligkeitsrechnungen vorgenommen werden, wobei häufig in einem einzigen Fall mehrere dieser Manipulationsarten vorliegen[18]. Arbeitsgruppen der Kommission[19] haben die betrügerischen Praktiken beim Handel mit Agrarerzeugnissen in drei Hauptgruppen eingeteilt:

— falsche Angabe über die Warengattung

— falsche Angabe des Bestimmungslandes

— Fälschung von Ausfuhrpapieren.

Bei einer Aufgliederung dieser Einteilung können als typische Merkmale der Abschöpfungshinterziehung die Täuschung über Gewicht oder Menge der Ware, deren Beschaffenheit, Wert oder Ursprung sowie die Vorlage gefälschter Papiere festgestellt werden[20]. Als typische Methoden der Erstattungserschleichung gelten die Täuschung über die Beschaffenheit und Menge der ausgeführten Waren sowie über das Verbrauchsland[21].

Lassen sich derartige typische Praktiken beim Handel mit Agrarerzeugnissen feststellen, so ist dennoch festzuhalten, daß sich die Täter derartiger Verstöße im wesentlichen der auch sonst üblichen wirtschaftskriminellen Arbeitsweise bedienen[22]. Allerdings wird die Aufklärung dieser Zuwiderhandlungen wesentlich erschwert durch die Vielzahl der Beteiligten und die den Taten immanente Grenzüber-

---

17 Für die gesamte Wirtschaftskriminalität wird angenommen, daß nur etwa 40 % der Straftaten den Ermittlungsbehörden zur Kenntnis gelangen; vgl. *Grasse*, S. 84; vgl. auch *Delmas-Marty*, La criminalité, S. 34 f.: Auf die Frage nach der Wirksamkeit staatlicher Kontrollen der Betriebe gaben ca. 85 % der Befragten die Antwort, diese seien höchst ineffektiv. Hieraus schließt *Delmas-Marty* auf eine relativ hohe Anzahl nicht bekanntgewordener Fälle von Wirtschaftskriminalität.

18 *Tiedemann*, Wirtschaftsstrafrecht Bd. 2, S. 84 f.; vgl. auch *Delmas-Marty*, La criminalité, S. 228 f.; allgemein zu den Erscheinungsformen, vgl. *Krause*, S. 158 ff.

19 Kommission SEK (67) 4967 endg., S. 1; Rat R/357/68 (AGRI 106), S. 1.

20 *Krause*, S. 176, 161.

21 *Krause*, S. 177; Kommission COM (75) 507 endg., S. 10.

22 *Tiedemann*, Wirtschaftsstrafrecht Bd. 2, S. 197 f.; nach *Krause*, S. 176, ähneln die Methoden der Abschöpfungshinterziehung denen „des Intelligenzschmuggels bei der Verkürzung der sonstigen Eingangsabgaben“.

schreitung[23] sowie durch „geschickte Einschaltung von amtlichen und privaten Einrichtungen in verschiedenen Staaten und durch den Aufbau eines ganzen Netzes von Scheinfirmen und fiktiven Geschäftsbeziehungen“[24].

III. Falldarstellungen

Fall Nr. 1: *Fleisch-Fall*[25]

In diesem Fall einer Abschöpfungshinterziehung besteht die Manipulation in einer falschen Quantitätsangabe mit Hilfe falscher Rechnungen und Zollerklärungen. Durch Urteil des Landgerichts Antwerpen vom 5. Oktober 1972 wurden die Täter zu je sechs Monaten Gefängnis sowie zur gesamtschuldnerischen Zahlung einer Geldstrafe in Höhe von 157 Mio. FB und zur gesamtschuldnerischen Zahlung von 14 Mio. FB an Abschöpfungsbeträgen verurteilt.

Angeklagt waren der 75jährige Holländer I. van M. und sein 51jähriger Sohn B. van M., beide Inhaber der X-AG in Rotterdam und der Y-AG in Gent; ferner der 45jährige Verwalter der Y-AG, der Belgier L. V., der 57jährige belgische Spediteur J. van S., sein 58jähriger belgischer Angestellter L. C. und der Deutsche W. O., 56 Jahre. Da in der Verhandlung nur die Belgier anwesend waren, wurden die anderen in Abwesenheit verurteilt.

Dem Urteil lag folgender Sachverhalt zugrunde: Am 3. April 1968 stellten Zollbeamte bei einem Routinegang im Hafen von Antwerpen fest, daß an einigen Eisenbahngüterwaggons die Zollplomben abgerissen waren. Einen Diebstahl vermutend untersuchten die Zöllner den Inhalt der Güterwagen und fanden gefrorenes Fleisch aus Argentinien. Sie verglichen die Menge des in den Güterwagen lagernden Fleisches mit den auf den Zolldokumenten angegebenen Mengen und stellten fest, daß sich in den Waggons viel mehr Fleisch befand als auf den Zolldokumenten angegeben war. Die daraufhin eingeleitete Untersuchung in den Büros der X-AG, der Y-AG und des Spediteurs J. van S. ergab, daß zwar in den den Transport begleitenden Frachtbriefen die tatsächlich geladene Menge angegeben war, daß aber sowohl die zwischen der holländischen X-AG und der belgischen Y-AG ausgetauschten Rechnungen ebenso wie die Zolldokumente eine viel niedrigere Menge Fleisch auswiesen.

Im Verlauf der Untersuchung stellte sich heraus, daß das Fleisch auf dem Transitwege für Rechnung der holländischen X-AG von Argentinien nach Rotterdam, von dort für Rechnung der belgischen Y-AG ebenfalls per Transit nach Antwerpen geschickt wurde. Hier wurde das zuviel geladene Fleisch aus den Waggons genommen und auf dem belgischen

---

[23] *Tiedemann*, Wirtschaftsstrafrecht Bd. 1, S. 64.

[24] *Tiedemann*, Wirtschaftsstrafrecht Bd. 2, S. 197 f.

[25] Dem Verfasser lag nur das Urteil der 15. Kammer in Strafsachen des Berufungsgerichts Brüssel mit Sitz in Antwerpen vom 28. 2. 1973 vor, das aber das Urteil des Landgerichts Antwerpen im wesentlichen bestätigte. Vgl. auch De Nieuwe Gido vom 6. 10. 1972, S. 13; Het laatste Nieuws vom 6. 10. 1972, S. 3; La Libre Belgique vom 6. 10. 1972, S. 6.

Markt verkauft. Die „normale“ Ladung wurde wieder zurück nach Rotterdam geschickt.

Neben den zwischen den EG-Mitgliedstaaten fälligen Ausgleichsabgaben wurden hier auch beträchtliche Abschöpfungen hinterzogen, die bei der Einfuhr des Fleisches aus dem Drittland Argentinien in das EG-Mitgliedsland Holland fällig geworden wären. Den Angeklagten wurden 120 derartige Handlungen zur Last gelegt; der Wert des auf diese Weise auf dem belgischen Markt verkauften Fleisches wird auf über 50 Mio. FB geschätzt.

In den beiden folgenden Fällen geht es um die Verschleierung des Warenursprungs, typische Beispiele für eine Abschöpfungshinterziehung[26]. Der Zweck derartiger Manipulationen ist es, die „Drittlandherkunft“ der Ware zu verschleiern, indem als Warenursprungsland ein EG-Staat vorgetäuscht wird, so daß bei einem Import keine Abschöpfungen erhoben werden.

Fall Nr. 2: *Butterfett-Fall*[27]

Im November und Dezember 1969 importierte die deutsche Firma X & Y 800 t Butterfett aus den Niederlanden. Verkäufer des Butterfettes war der in der Schweiz wohnende K. Die Ware sollte belgischen Ursprungs sein, wurde aber in Wirklichkeit in Belgien nur im Rahmen des Veredelungsverkehrs von der Fa. B aus russischer und rumänischer Butter hergestellt. Als Veredelungsunternehmen konnte die Fa. B die Butterprodukte gegen Hinterlegung einer Kaution abschöpfungsfrei aus Drittländern einführen. Für den Fall, daß B das im Wege der Veredelung gewonnene Butterfett nicht innerhalb eines bestimmten Zeitraumes wieder in Drittländer ausgeführt haben sollte, wäre B nachträglich zur Bezahlung der Abschöpfungsbeträge herangezogen worden.

K, der im Juli 1968 mit der Fa. B einen Kaufvertrag über 6 000 t Butterfett abgeschlossen hatte, konnte zunächst für seine Ware keinen Käufer finden und lagerte einen Teil des Butterfettes in holländischen Kühlhäusern. Schließlich stieß K auf die Fa. X & Y, die 2 000 t Butterfett zum Preis von 3,30 DM/kg abnahm, nachdem deren Prokurist P bei der Besichtigung des Butterfettes Mängel festgestellt hatte. Da die Ware in den Niederlanden zollrechtlich nicht für den freien Verkehr abgefertigt war, erhielt K auch nicht die Warenverkehrsbescheinigung DD_4. K konnte P lediglich als EWG-Nachweis ein Schreiben mit der Versicherung der Fa. B vorlegen, daß die Ware „im EWG-Raum mit EWG-Butter“ produziert worden sei. P genügte dieses Schreiben jedoch nicht. Daraufhin bat K seine im Bundesfinanzministerium als Schreibkraft tätige Freundin A, ihm einige mit Dienststempelabdrücken versehene Blanko-Kopfbogen des Ministeriums zu beschaffen. P diktierte K auf einen dieser Briefbogen einen „Erlaß“ des BMF, aus dem hervorging, daß die „Ware (2 000 t Butteröl) im EWG-Mitgliedstaat Belgien mit EWG-Butter her-

[26] *Tiedemann*, Wirtschaftsstrafrecht Bd. 2, S. 84.

[27] Ausführliche Falldarstellung bei *Tiedemann*, Subventionskriminalität, S. 116 ff.

gestellt worden" und „für eine abschöpfungsfreie Einfuhr in ein EWG-Mitgliedsland frei" sei.

Nach Vorlage dieses gefälschten „BMF-Erlasses" gelang es, in der Zeit vom November bis Dezember 1969 insgesamt 720 t Butterfett nach Deutschland unter Freigabe zum freien Verkehr einzuführen. Von hier wurde die Ware an deutsche und italienische Abnehmer geliefert. Um bei der Vorlage der Rechnungen anläßlich der Zollabfertigung die Zollbehörde nicht auf die Abschöpfungshinterziehung aufmerksam zu machen, hatten K und die Fa. X & Y zuvor den Kilopreis auf den handelsüblichen Preis für EWG-Butterfett von 5,40 DM/kg heraufgesetzt. Die durch den Verkauf des Butterfettes erzielten Erlöse beliefen sich auf fast 5 Mio. DM. Die Höhe der hinterzogenen Eingangsabgaben betrug insgesamt 5 872 786,36 DM.

Nach Aufklärung des Falles wurden K und P wegen fortgesetzter gemeinschaftlicher Abgabenhinterziehung in Tateinheit mit Urkundenfälschung zu je zwei Jahren Freiheitsstrafe und 50 000 DM Geldstrafe verurteilt. A, die angeblich von der Abschöpfungshinterziehung nichts gewußt hatte, wurde wegen Beihilfe zur Urkundenfälschung zu 2 000 DM Geldstrafe verurteilt. Gegen die Fa. X & Y als Abgabenschuldnerin ergingen Steuerbescheide in Höhe von 5 872 786,36 DM.

Ebenfalls mittels einer Täuschung über den Warenursprung wurde der folgende Fall einer Abschöpfungshinterziehung durchgeführt. Besonderes Merkmal dieses Falles ist ein zwischengeschalteter Export der Ware in ein Drittland, um Exporterstattungen zu erhalten.

Fall Nr. 3: *Eier-Fall*[28]

Ende 1969 entdeckten an der belgisch-luxemburgischen Grenze Zollbeamte bei der Kontrolle eines mit Eiern beladenen Lastwagens, daß die Eier, die nach den Zolldokumenten schweizerischer Herkunft sein sollten, in Verpackungen transportiert wurden, die auf einen niederländischen Ursprung hinwiesen. Bei der daraufhin eingeleiteten Untersuchung wurde folgender Sachverhalt aufgedeckt:

Belgische Händler importierten englische[29] Eier, die auf dem Transitweg an eine schweizerische Firma geliefert werden sollten. Als sich die Eier in den Niederlanden befanden, wurden für sie niederländische Ursprungszeugnisse hergestellt und die Eier in entsprechende Verpackungen umgeladen. Mit den holländischen Ursprungszeugnissen versehen leiteten die Händler die Eier weiter in die Schweiz. Von dort wurden sie mittels falscher Transitpapiere, die Frankreich als Empfängerland auswiesen, nach Belgien transportiert. An der belgisch-französischen Grenze ließen

[28] Urteil der 5. Kammer in Strafsachen des Landgerichts Gent vom 27. 5. 1970; vgl. auch *Matthijs,* R. W. 1975, S. 400; Le Soir vom 26. 2. 1970, S. 6; La Libre Belgique vom 26. 2. 1970, S. 6; Frankfurter Rundschau vom 7. 3. 1970, S. 6; Agra-Europe vom 2. 6. 1970, S. 7; Neue Zürcher Zeitung vom 23. 4. 1971, S. 17.

[29] England war zu diesem Zeitpunkt noch nicht Mitglied der EG.

die Lastwagenfahrer die Zolldokumente abstempeln, um den Nachweis für das Verlassen des belgischen Territoriums zu erbringen. Die Lastwagen fuhren jedoch nicht weiter nach Frankreich, sondern über einen Landweg zur belgisch-luxemburgischen Grenze, um von dort die belgische Stadt Kruishoutem zu erreichen. Hier wurden die Eier schließlich zu dem normalen, auf dem europäischen Markt üblichen Preis in den Handel gebracht.

Auf diese Weise sollen rund 7 Mio. englische Eier auf den belgischen Markt gelangt sein und die Täter einen Gewinn von ungefähr 5 Mio. FB erzielt haben.

Bei der Einfuhr aus England wurden keine Abschöpfungen erhoben, da die Ware gemäß den Begleitpapieren nur auf dem Transitweg durch das EG-Territorium in ein anderes Drittland, die Schweiz, verbracht werden sollte. Die „Umwandlung" der englischen in holländische Eier und der daraufhin eingeleitete Export in die Schweiz ließen für diese angebliche EG-Ware die Drittlanderstattungen fällig werden. Bei der dann erfolgten Weiterversendung der Eier nach Frankreich wurden in Belgien keine Abschöpfungen erhoben, da sich die Ware hier auf dem Transitweg befand und die Abschöpfungen erst bei der Einfuhr nach Frankreich, also beim Überqueren der französischen Grenze, fällig geworden wären. Die Täter, der 36jährige van den B., der 29jährige A. D., der 37jährige de S. und der 40jährige B. D., wurden wegen Zollvergehen zu Gefängnisstrafen von je 2 Jahren sowie zu einer Geldstrafe von insgesamt knapp 23 Mio. FB verurteilt[30]. Ferner müssen sie insgesamt über 11 Mio. FB als Ersatz für die nicht mehr mögliche Einziehung der Waren zahlen.

In dem folgenden als *Süddeutscher Getreideskandal* bekanntgewordenen Fall[31] wurde ein nachgewiesener Schaden von rund 14,5 Mio. DM verursacht. Der Sachverhalt fällt sowohl in die Phase der nationalen Marktordnung als auch in die der gemeinsamen EWG-Marktordnung für Getreide. Typisches Merkmal dieses Falles ist die Täuschung über die Qualität der Ware.

---

[30] In einem anderen Verfahren mußten sich B. D. und de S. wegen Devisenvergehen verantworten. Durch Urteil der 5. Kammer in Strafsachen des Landgerichts Gent vom 27. 5. 1970 wurden B. D. zu 4 Jahren und de S. zu einem Jahr Gefängnis verurteilt. Durch Urteil der 8. Kammer in Strafsachen des Berufungsgerichts Gent vom 21. 10. 1970 wurde die Gefängnisstrafe von B. D. auf 3 Jahre herabgesetzt.

[31] *Tiedemann*, Subventionskriminalität, S. 151 f.; *Krause*, S. 178 f.; Der Spiegel vom 22. 2. 1971, S. 80 f.; Agra-Europe vom 7. 10. 1969, S. 2.

Ein ähnlich gelagerter Fall konnte 1977 aufgedeckt werden, vgl. Zollnachrichten- und Fahndungsblatt 1977, S. 40: Ein deutscher Futtermittelhersteller führte große Mengen eines Getreidemischfutters aus. Statt — wie in der Herstellererklärung angegeben — mehr als 50 % Mais und Gerste zu verwenden, wurden diese teilweise durch Gerstenfuttermehl, Reisfuttermehl und Weizennachmehl ersetzt. Die Ausfuhrerstattung für ein auf dieser Basis hergestelltes Mischfutter wäre um 600 000 DM niedriger gewesen.

Fall Nr. 4: *Süddeutscher Getreideskandal*

Der deutsche Händler H führte ca. 26 Mio. kg Getreideprodukte in Drittländer aus. In den Ausfuhrerklärungen wurde zur Qualität der Getreideprodukte z. B. Weichweizenmehl, Maisgrieß, Maismehl oder auch perlförmig geschliffene Graupen angegeben. In Wirklichkeit handelte es sich bei den Getreideprodukten um minderwertige Produkte wie Kleie, Weizenschrot- und Futtermehlgemische, Maisfutter- oder Maiskeimschrot sowie um geschälte oder gestutzte Gerste. Da für diese Produkte niedrigere oder gar keine Ausfuhrerstattungen gewährt worden wären, bestand die gewinnbringende Manipulation darin, auf dem Papier die Ausfuhr höherwertiger Getreideprodukte vorzutäuschen. Die Behörden wurden zum einen durch fiktive Ein- und Verkaufsverträge getäuscht, zum anderen legten die Täter Atteste öffentlich vereidigter Gutachter vor, die die auf den Ausfuhrdokumenten angegebene Qualität der Exportware bestätigten. Die den Gutachtern vorgelegten zollamtlich verschlossenen Proben waren nämlich ausgetauscht worden: Statt der wirklichen Ausfuhrware lagen Proben mit den höherwertigen Produkten zur Begutachtung vor.

Die jeweiligen Ausfuhrerstattungen wurden nicht in bar, sondern in Form von abschöpfungsfreier Einfuhr in Anspruch genommen. Nach Maßgabe eines bestimmten Umrechnungsschlüssels konnten für die exportierten 26 Mio. kg Getreideprodukte der angegebenen Qualität ca. 47 Mio. kg Getreide abschöpfungsfrei eingeführt werden. Auf diese Weise wurden zur Zeit der gemeinsamen EWG-Marktordnung für Getreide Abschöpfungen in Höhe von rund 9,5 Mio. DM hinterzogen, während ca. 25 000 DM als Barerstattung von der Einfuhr- und Vorratsstelle gezahlt wurden. Zur Zeit der nationalen Marktordnung wurden bereits Subventionen in Höhe von rund 5 Mio. DM zu Unrecht in Anspruch genommen.

Gegen H sowie gegen sechs weitere Personen wurde ein Strafverfahren wegen Betrugs, Abschöpfungshinterziehung sowie Siegelbruchs eingeleitet. H starb jedoch noch vor der Hauptverhandlung. Vier der Beschuldigten wurden durch Urteil des Landgerichts Augsburg vom 26. 2. 1971[32] zu Freiheitsstrafen bzw. zu Geldstrafen verurteilt.

Fall Nr. 5: *Gerstenperlgraupen-Fall*[33]

1977 erhielt ein Mühlenbetrieb von einer norddeutschen Getreidehandlung den Auftrag, 6000 t Gerstenperlgraupen der 1. Kategorie aus Gerste für ein Exportgeschäft mit Polen herzustellen. Statt jedoch Gerstenperlgraupen der 1. Kategorie produzierte der Mühleninhaber geschälte Gerstenkörner, die nicht erstattungsfähig sind. Gleichwohl wurden für Gerstenperlgraupen der 1. Kategorie Ausfuhrerstattungen in Höhe von rund 1 Mio. DM sowie Währungsausgleichsbeträge von rund 12 000 DM zu Unrecht beantragt, wovon rund 690 000 DM gezahlt worden waren.

Die gewinnbringende Manipulation ermöglichte der Einbau eines automatischen Probenehmers in die Silozellen des Mühlenbetriebes. Das

[32] Das Urteil wurde vom Bundesgerichtshof im wesentlichen bestätigt; vgl. BGH NJW 1973, S. 1562 ff. = BGHSt 25, 190 ff.

[33] Zollnachrichten- und Fahndungsblatt 1978, S. 27.

Entnahmerohr für die Probenahme lag unterhalb des Entnahmerohrs für die Abfüllanlage. Den durch die unterschiedliche Montagehöhe entstandenen Zwischenraum füllte der Mühleninhaber mit Gerstenperlgraupen der 1. Kategorie, den weitaus größeren Teil der Silozelle oberhalb dieses Zwischenraumes mit geschälten Gerstenkörnern. Bei der Entnahme dieser geschälten Gerstenkörner wurden dann aus derselben Silozelle dem automatischen Probenehmer Gerstenperlgraupen der 1. Kategorie zugeführt.

Das Ermittlungsverfahren wegen Subventionsbetruges ist noch nicht abgeschlossen.

Die hier dargestellten Manipulationen mittels Falschangabe der Warengattung haben ihren Ursprung in der sehr starken Untergliederung der Agrarnomenklatur, die wiederum der besonderen Beschaffenheit der jeweiligen Agrarprodukte Rechnung trägt[34]. Die gewinnversprechende Manipulation liegt darin, ein minderwertiges Produkt bei der Ausfuhr als höherwertiges zu deklarieren, um so in den Genuß von — höheren — Subventionen zu gelangen; bei der Einfuhr erfolgt die Manipulation spiegelbildlich: Hochwertige Produkte werden als minderwertige (z. B. hochwertige Getreideerzeugnisse als Futtermittel) deklariert, um sie entweder abschöpfungsfrei oder mit einer geringeren Abschöpfung belastet einführen zu können[35].

Die folgenden beiden Fälle haben Erstattungserschleichungen zum Gegenstand. Als besonders häufig und typisch gelten die vorgetäuschten Exporte in Drittländer[36]. Dabei ist zu unterscheiden zwischen den Exporten, die angeblich in ein Drittland gehen, in Wirklichkeit das EG-Territorium jedoch nicht verlassen, und den Exporten, die über ein Drittland in ein anderes Drittland gehen. Der Anreiz für derartige Umwege liegt darin, daß die Erstattungen für Exporte in Drittländer je nach Bestimmungsland unterschiedlich hoch sind[37].

Fall Nr. 6: *Maisgrieß-Fall*[38]

Das 1904 gegründete französische Maisverarbeitungsunternehmen M, dessen Inhaber die Brüder A und B waren, stellte ca. 30 % des in Frank-

[34] Kommission SEK (67) 4967 endg., S. 1; vgl. auch *Gurski*, S. 33 f., der am Beispiel Reis die starke Untergliederung der Agrarnomenklatur aufzeigt: Die für den Reisexport zu erlangende Erstattung ist achtfach (!) differenziert.

[35] *Tiedemann*, Subventionskriminalität, S. 139 f.

[36] *Tiedemann*, Prot., S. 2470.

[37] *Rahn*, AWD 1971, S. 111.

[38] Urteil des Landgerichts Lille vom 8. 1. 1973; wegen der hohen Strafen fand dieser Fall ein breites Echo in der Presse: vgl. De Standaard vom 6. 12. 1972, S. 4; Le Monde vom 7. 12. 1972, S. 10; Agra-Europe vom 19. 12. 1972, S. 7 f.; Les Echos vom 9. 1. 1973, S. 7; Le Figaro vom 9. 1. 1973, S. 6; Le Soir vom 9. 1. 1973, S. 1; Le Peuple vom 9. 1. 1973, S. 4; Financial Times vom 10. 1. 1973, S. 7; Der Spiegel vom 8. 10. 1973, S. 82 ff.; Le Monde vom 9. 11. 1973, S. 24; La Dernière Heure vom 9. 11. 1973, S. 3; Le Soir vom 9. 11. 1973, S. 6; Le Monde vom 14. 12. 1973, S. 25; Le Journal La Croix vom 14. 12. 1973, S. 10.

reich produzierten Maisgrießes her. Der jährliche Umsatz betrug 120 Mio. FF. Bei M waren ungefähr 400 Personen beschäftigt. Die Firma genoß einen sehr guten Ruf.

Laut Angaben in den einschlägigen Zolldokumenten exportierte M in der Zeit von November 1963 bis August 1966 mehr als 40 000 t Maisgrieß und Viehfutter an Bord von 180 Lastkähnen nach England, Dänemark und in die Schweiz. Empfänger der Lieferungen sollten die Fa. X in England, die Fa. Y in Dänemark und die Fa. Z in der Schweiz sein. Jeder Lastkahn war mit ca. 200 t im Wert von ca. 70 000 FF beladen.

Die Zolldokumente enthielten folgende Angaben: den Ursprung der Ware; die Fa. M als Absender; die Qualität der Ware; den Namen der belgischen Zwischenhändlerfirma N, deren Inhaber D war; die angeblichen Empfänger der Lieferungen: die Fa. X in England, die Fa. Y in Dänemark und die Fa. Z in der Schweiz; die Anzahl der geladenen Warensäcke; das Gewicht sowie den Warenpreis. Die Angaben wurden von den Tätern u. a. durch gefälschte und unrichtige Urkunden in bezug auf den Bestimmungsort und den Wert der Ware belegt. In den Kaufverträgen wurde cif Antwerpen, Brügge, Rotterdam oder Basel vereinbart, so daß die Ware hier umgeladen werden mußte.

Die angeblichen Exporte nach England und Dänemark gingen alle durch Belgien, wo die Ladungen den vereinbarten cif-Hafen erreichten. Die vom belgischen Zoll abgefertigten Waren wurden auf andere Lastkähne umgeladen und erreichten als Transitware Holland. Der belgische Zoll bestätigte daraufhin den Export der Waren. Die gesamten Zollkontrollen wurden ziemlich oberflächlich durchgeführt, da der Zoll Vertrauen in den guten Geschäftsruf und in die Ehrenhaftigkeit der Fa. M setzte. Aufgrund der Zollbescheinigungen wurden die Erstattungen ausbezahlt. In Holland ließ der Zwischenhändler D folgende Änderungen an den Zolldokumenten vornehmen:

- An die Stelle der Fa. M als Absender wurde die Fa. N, deren Inhaber D war, gesetzt. Teilweise wurde auch die Herkunftsangabe der Ware geändert: Frankreich, England oder Tanganjika.
- Der Name des Empfängers und des Bestimmungslandes wurde ersetzt durch C in Deutschland oder einen belgischen Empfänger.
- Die Warenqualität veränderte sich: Aus den hochwertigen Produkten wurden minderwertige Produkte aus Mais.
- Der Warenpreis wurde erhöht.

Die Anzahl der Säcke und das Gewicht der Ladung blieben unverändert. Die meisten Schiffsladungen gingen nach diesen Manipulationen an C in Deutschland. Die Ermittlungen ergaben, daß C einer der Hauptinitiatoren dieser Betrügereien war. Die für diese vorgetäuschten Exporte gewährten Erstattungen belaufen sich auf rund 10 Mio. FF. Die Erstattungen wurden entweder in Form von Barauszahlungen oder von abschöpfungsfreier Einfuhr von Maiskörnern in Anspruch genommen. Neben den Ermittlungen bezüglich dieser vorgetäuschten Exporte wurden auch Untersuchungen wegen Import- und Devisenvergehen angestellt.

Angeklagt wurden insgesamt 28 Personen: Franzosen, Belgier, Engländer, Deutsche, Holländer und Dänen. Vor dem französischen Gericht erschienen nur acht Angeklagte, so daß gegen die übrigen in Abwesenheit verhandelt wurde. So wurden z. B. A und B zu je zwei Jahren Gefängnis und einer Geldstrafe von 25 000 FF, D in Abwesenheit zu zwei Jahren Gefängnis und 20 000 FF Geldstrafe[39] und C ebenfalls in Abwesenheit zu drei Jahren Gefängnis und einer Geldstrafe von 50 000 FF[40] u. a. wegen Ein- oder Ausfuhr von Waren mit gefälschter Zollerklärung unter Verwendung gefälschter oder unrichtiger Urkunden verurteilt. Ferner müssen sie als Gesamtschuldner insgesamt 709 737 000 FF Zollstrafe an die Zollverwaltung zahlen[41].

Ebenfalls eine Erstattungserschleichung mittels vorgetäuschter Exporte in Drittländer betrifft der folgende Fall von Butterexporten nach Marokko und in den Libanon. Dieser Fall ist auch unter dem Gesichtspunkt einer Umgehungshandlung interessant.

Fall Nr. 7: *Marokko-Fall*[42]

Die Firma M exportierte 1971 EWG-Butter nach Marokko und in den Libanon. Für diese Exporte waren 1970 Erstattungszusagen eingeholt worden. Zu diesem Zeitpunkt waren die Erstattungen für Exporte in diese Länder besonders hoch, höher als die Erstattungen zum Zeitpunkt der tatsächlichen Ausfuhr und höher als die Erstattungen für Exporte in andere Drittländer. Die Auszahlung der Erstattungen geschah wie folgt: Sobald die Butter das EG-Gebiet verlassen hatte, wurde die sog. Grunderstattung ausbezahlt. Die Grunderstattung ist der Erstattungssatz am Tage der Ausfuhr. Die höhere Erstattung wurde erst nach Erreichen des Bestimmungslandes als sog. Zusatzerstattung ausbezahlt.

M beantragte zunächst die Grunderstattung für die Exporte nach Marokko und in den Libanon. Nachdem mittels Konnossementskopien und Löschbescheinigungen dargelegt werden konnte, daß die Butter in den Häfen der Bestimmungsländer gelöscht worden war, wurde die Zusatzerstattung beantragt. Die Ware war jedoch zum großen Teil in

---

[39] Neben dieser von dem französischen Gericht ausgesprochenen Strafe ist D in Belgien zu einem Jahr Gefängnis verurteilt worden; vgl. Agra-Europe vom 19. 12. 1972, S. 7.

[40] Der Deutsche C entgeht einem Strafverfahren in Deutschland, da er sich im Tessin aufhält; vgl. Der Spiegel vom 8. 10. 1973, S. 82 ff.

[41] Nach mündlicher Auskunft des französischen Wirtschafts- und Finanzministeriums wurde diese Zollstrafe im Wege des Vergleichs herabgesetzt; die Höhe der aufgrund dieses Vergleichs zu zahlenden Zollstrafe wurde nicht mitgeteilt.

Die rechtliche Grundlage hierfür bietet Art. 350 F.C.D., der der Zollverwaltung die Befugnis verleiht, in jedem Stadium des Verfahrens mit dem Täter einen Vergleich zu schließen, und zwar auch nach einem rechtskräftigen Urteil.

[42] *Tiedemann*, Subventionskriminalität, S. 318 f.; *Nippoldt*, S. 159 f., Fall Nr. 8; *Borchers*, Prot., S. 2609 f., Fall 6; *Opp*, S. 16; *Strunck*, S. 106 f.; Der Stern vom 7. 3. 1971, S. 184 f.; Die Welt vom 24. 2. 1971, S. 10; FAZ vom 11. 3. 1971, S. 13.

Freihäfen gelöscht und ohne zollrechtliche Abfertigung in die DDR und nach Polen transportiert worden.

Wie sich im Laufe der Ermittlungen herausstellte, hatte die Fa. M zunächst mit Firmen in der DDR und in Polen über den Verkauf der Butter verhandelt. Erst anschließend wurden Kontakte zu den Käufern in Marokko und im Libanon aufgenommen. Hieraus — wie auch aus der Tatsache, daß für einen großen Teil der Ware eine Ostberliner Firma eine Bürgschaft übernahm — läßt sich die Folgerung ziehen, daß die Butter von vornherein in die DDR und nach Polen verkauft werden sollte: Der Umweg über Nordafrika diente nur dazu, die höheren Erstattungen zu erlangen. Die Ermittlungen ergaben ferner, daß ein angeblich für den Libanon bestimmtes Schiff von Hamburg direkt nach Rostock gefahren war. In Rostock wurde fast die gesamte Buttermenge gelöscht.

In dem Ermittlungsverfahren konnte die Fa. M unwiderlegt vorbringen, die direkt nach Rostock transportierte Schiffsladung sei dort nur zu dem Zweck einer Zwischenlagerung gelöscht worden, da im Libanon kein Kühlraum frei gewesen sei.

Bezüglich der tatsächlich vorgenommenen Exporte nach Marokko und in den Libanon wurde das Verfahren wegen Betrugs aus folgenden Gründen eingestellt[43]: Die für eine Verurteilung wegen Betruges bebedeutsame Frage, ob allein das Erreichen des Bestimmungslandes oder aber die Abfertigung der Ware zum freien Verkehr in dem Bestimmungsland als Anspruchsvoraussetzung für die Erstattung anzusehen ist, entschied der EuGH in dem am 27. 10. 1971 — also nach der hier dargestellten Tat — ergangenen Urteil[44]. Hiernach muß als Erstattungsvoraussetzung die Ware zum freien Verkehr abgefertigt worden sein. Vor dem Urteil wurde diese Frage unterschiedlich beantwortet[45]. Die Fa. M hatte in den Erstattungsanträgen immer nur angegeben, daß die Waren das Bestimmungsland erreicht hätten. Von einer Abfertigung für den freien Verkehr war nicht die Rede. Insofern konnte schon im objektiven Tatbestand eine Täuschungshandlung nicht eindeutig festgestellt werden; auf keinen Fall war ein Täuschungsvorsatz nachzuweisen. Auch die Absicht der rechtswidrigen Bereicherung war fraglich.

Neben diesen vorgetäuschten Exporten in Drittländer gelten als „die spektakulärsten Fälle“[46] auf dem Gebiet der Subventionskriminalität Manipulationen über eine bereits erfolgte Subventionierung der Ware.

---

[43] Schriftliche Auskunft der Staatsanwaltschaft bei dem Landgericht Hamburg vom 3. 2. 1978.

[44] RsprGH XVII, S. 823 ff.; vgl. auch *Rahn*, AWD 1973, S. 140; *Tiedemann*, Subventionskriminalität, S. 127 f.

[45] Vgl. insbesondere *Tiedemann*, Subventionskriminalität, S. 318 f.

[46] *Tiedemann*, Prot., S. 2470.

Die Fälle werden wegen der Mehrfachsubventionierung derselben Ware Karussellgeschäfte genannt[47].

Der für Manipulationen auf dem Gebiet des Handels mit Agrarprodukten oft angeführte *Mayonnaise-Fall*[48] stellt ein derartiges Karussellgeschäft dar.

Fall Nr. 8: *Mayonnaise-Fall*

Von August 1968 bis Mai 1969 exportierte eine deutsche Firma Butterschmalz nach Jugoslawien. Hier wurde das Butterschmalz durch Hinzufügen von Würztunke zu Mayonnaise verarbeitet und als solche deklariert wieder nach Deutschland eingeführt. In einem Betrieb an der Zonengrenze, der mit staatlichen Zonenrandsubventionen errichtet worden sein soll, verwandelte sich die Mayonnaise wieder zu Butterschmalz, indem mittels einer Zentrifuge die Würztunke herausgeschleudert wurde. Dieses so gewonnene Butterschmalz wurde nach Dänemark[49] exportiert, wo es wieder zu Mayonnaise verarbeitet und als solche deklariert nach Deutschland ausgeführt wurde.

Für den Export des Butterschmalzes wurden wesentlich höhere Ausfuhrerstattungen gezahlt als Abschöpfungen für den Import der Mayonnaise erhoben wurden. Die Differenz soll pro Waggon (ca. 20 t) rund 100 000 DM, der Gesamtgewinn der an diesem Kreisverkehr beteiligten Firmen ungefähr 14 Mio. DM betragen haben.

Das gegen vier Beschuldigte wegen Abschöpfungshinterziehung und Betrug von der Staatsanwaltschaft Hamburg eingeleitete Ermittlungsverfahren war Anlaß für ein finanzgerichtliches Verfahren, in dem die Frage erörtert wurde, ob das aus Butterschmalz und Würztunke gewonnene Produkt als „Mayonnaise" deklariert und demgemäß auch als solche zolltariflich eingestuft werden kann[50]. Das Ermittlungsverfahren gegen drei Beschuldigte wurde von der Staatsanwaltschaft Hamburg eingestellt: Ein Beschuldigter starb, ein anderer war verhandlungsunfähig, und gegen den dritten bestand kein hinreichender Tatverdacht[51]. Das Verfahren gegen den vierten Beschuldigten wurde zuständigkeitshalber an die Staatsanwaltschaft München abgegeben. Dort wurde von der zuständigen Strafkammer des Landgerichts München die Eröffnung des Hauptverfahrens abgelehnt. Gegen diesen Be-

---

47 *Tiedemann*, Prot., S. 2470.

48 *Nippoldt*, S. 164 ff.; *Gurski*, S. 36; *Tiedemann*, Wirtschaftsstrafrecht Bd. 1, S. 94 f.; vgl. auch Die Zeit vom 23. 1. 1970, S. 25.

49 Dänemark war zu diesem Zeitpunkt noch nicht Mitglied der EG.

50 *Tiedemann*, Wirtschaftsstrafrecht Bd. 1, S. 94 f.; ausführlich zu den Fragen der zolltariflichen Einstufung: *Nippoldt*, S. 164 ff., der sich eingehend mit dem Mayonnaise-Urteil des EuGH, RsprGH XVII, S. 919 ff., auseinandersetzt.

51 Schriftliche Auskunft der Staatsanwaltschaft bei dem Landgericht Hamburg vom 3. 2. 1978.

schluß hat die Staatsanwaltschaft sofortige Beschwerde eingelegt, über die noch nicht entschieden ist[52].

Ging es im *Mayonnaise-Fall* darum, ein — vom wirtschaftlichen Sinn her zweifelhaftes — Mischprodukt herzustellen, um bei der Einfuhr niedrigeren Abschöpfungssätzen unterworfen zu werden, so handelt der folgende *Wurst-Fall*[53] von einem Phantasieprodukt, das „eigens zum Zwecke der Subventionserlangung hergestellt und in dieser Form wirtschaftlich nicht oder nur schwer (bzw. in wirtschaftswidriger Weise) verwertbar" ist[54].

Fall Nr. 9: *Wurst-Fall*

In den Jahren 1965 bis 1968 exportierten mehrere deutsche Kaufleute über 3 000 t „Rohwurst" in die Schweiz und nach Jugoslawien. Die „Rohwurst" wurde aus geringwertigen Schlachtabfällen unter Zusatz von 30 % Schwarten und 20 % Wasser hergestellt. Aufgrund ihrer Zusammensetzung wäre sie in Deutschland nicht verkehrsfähig gewesen. In Jugoslawien wurde die „Rohwurst" in einer Seifenfabrik zu Seife und zu Futtermittel verarbeitet. Die Exporte in die Schweiz wurden unter Zollaufsicht vernichtet.

Aus der Kalkulation eines der beteiligten Händler geht hervor, daß die Herstellung eines derartigen Phantasieprodukts nur zum Zwecke der Subventionserlangung ohne wirtschaftliches Risiko vorgenommen werden kann:

Herstellungskosten je 100 kg Wurst	200,— DM
Vertriebskosten	17,46 DM
Selbstkosten somit	217,46 DM
Subventionen	222,97 DM
Gewinn infolge der Erstattung	5,51 DM
zuzüglich Verkaufspreis	45,41 DM
Gewinn je 100 kg	50,92 DM

Aus dieser Berechnung ergibt sich, daß selbst bei Nichtabnahme der Wurst dem Händler infolge der Erstattung noch ein Gewinn von 5,51 DM je 100 kg verblieben wäre.

Insgesamt nahmen die Händler Ausfuhrerstattungen von rund 5 Mio. DM in Anspruch.

Diesen gewinnbringenden Export ermöglichte eine — mittlerweile behobene — Lücke im Marktordnungsrecht: Es fehlte eine rechtlichverbindliche Bestimmung für das Produkt „Wurst". Mit der Verord-

[52] Schriftliche Auskunft der Staatsanwaltschaft bei dem Landgericht München vom 23. 3. 1978.

[53] *Krause*, S. 177 f.; *Nippoldt*, S. 38 f., 162 f.; *Borchers*, Prot., S. 2609; *Tiedemann*, Wirtschaftsstrafrecht Bd. 1, S. 95; Frankfurter Rundschau vom 7. 3. 1970, S. 6; Die Zeit vom 23. 1. 1970, S. 25.

[54] *Tiedemann*, Wirtschaftsstrafrecht Bd. 2, S. 85.

nung (EWG)Nr. 2403/69 der Kommission vom 1. 12. 1969[55] soll sichergestellt werden, daß keine Ausfuhrerstattungen für minderwertige oder ungenießbare Wurst gewährt werden[56].

Während in den bislang geschilderten Fällen von den Delinquenten immer Warenbewegungen vorgenommen wurden, geht es im folgenden Fall einer Erstattungserschleichung um ein ausschließlich fiktives Geschäft.

Fall Nr. 10: *Ghana-Fall*[57]

Mit Hilfe nachgemachter Zoll- und tierärztlicher Dokumente gelang es zwei französischen Gesellschaften, die von einer bedeutenden Milchgenossenschaft kontrolliert wurden, 1971 den Export von 2 000 t Butterfett im Wert von 9 Mio. FF vorzutäuschen, obwohl keines der diesem angeblichen Export zugrunde liegenden Geschäfte stattgefunden hat: weder der Ankauf des Butterfettes von einer Genossenschaft in der Normandie noch dessen Verkauf an eine Firma schweizerischen Rechts zum Zwecke des Exports nach Ghana. Auf diese Weise erlangten sie Ausfuhrerstattungen in Höhe von 9 939 000 FF.

Mit den an diesem Betrug Beteiligten wurde von der Zollverwaltung ein Vergleich geschlossen.

[55] ABl.EG Nr. L 303 vom 3. 12. 1969, S. 6.

[56] Antwort der Kommission, ABl.EG Nr. C 38 vom 1. 4. 1970, S. 1 f., auf die schriftliche Anfrage des Abgeordneten *Vredeling*, ob der Kommission bekannt sei, „daß bei der Ausfuhr von Wurst aus Westdeutschland nach Jugoslawien Betrügereien vorgekommen sind".

[57] *Delmas-Marty*, La criminalité, S. 78 f.

Drittes Kapitel

Die Strafbarkeit der Abschöpfungshinterziehung und der Subventionserschleichung in Deutschland, Frankreich und Italien

I. Deutschland

1. Strafbarkeit der Abschöpfungshinterziehung

Auf die Abschöpfungshinterziehung finden die Straf- und Bußgeldvorschriften der Abgabenordnung[1] Anwendung. Soweit diese keine Regelung enthalten, gelten gemäß § 369 Abs. 2 AO die allgemeinen Gesetze über das Strafrecht. Gemäß § 1 Abs. 1 AO gilt die Abgabenordnung „für alle Steuern einschließlich der Steuervergünstigungen, die durch Bundesrecht oder Recht der Europäischen Gemeinschaften geregelt sind, soweit sie durch Bundesfinanzbehörden oder Landesfinanzbehörden verwaltet werden". § 3 Abs. 1 AO normiert ausdrücklich, daß Abschöpfungen unter den Steuerbegriff der Abgabenordnung fallen.

Geschütztes Rechtsgut dieser Straf- und Bußgeldvorschriften ist das „öffentliche Interesse am vollständigen und rechtzeitigen Aufkommen der einzelnen Steuern"[2]. Da zum Zwecke der ordnungsgemäßen Steuerfestsetzung dem Steuerpflichtigen zahlreiche Mitwirkungspflichten obliegen, kann als geschütztes Rechtsgut auch der „Anspruch des Trägers der Steuer(verwaltungs)hoheit auf pflichtgemäße Offenbarung aller Tatsachen, die für die Festsetzung oder Erhebung einer Steuer von Bedeutung sind"[3] angesehen werden.

a) Die Steuerhinterziehung, § 370 AO

aa) Der Tatbestand

Den zentralen Straftatbestand bildet der als Vergehen ausgestaltete § 370 AO, der Tatbestand der Steuerhinterziehung[4]. § 370 Abs. 1 AO

---

[1] BGBl. 1976 I, S. 619 ff.

[2] *Tipke*, S. 528; *Franzen / Franzen*, Einl. Anm. 8 m. w. Nachw.

[3] *Franzen / Franzen*, Einl. Anm. 8; so auch *Tiedemann*, Wirtschaftsstrafrecht Bd. 1, S. 246; *Klein / Orlopp*, § 370 Anm. 4.

unterscheidet zwischen der Steuerverkürzung und dem Erlangen nicht gerechtfertigter Steuervorteile. Eine Steuerverkürzung liegt gemäß § 370 Abs. 4 AO vor, wenn — durch ein pflichtwidriges Verhalten des Täters — die Steuer „nicht, nicht in voller Höhe oder nicht rechtzeitig festgesetzt" wird. Nicht gerechtfertigte Steuervorteile liegen vor, wenn „sie zu Unrecht gewährt oder belassen werden" (§ 370 Abs. 4 AO).

Wie oben dargestellt[5], sind Tatmodalitäten einer Abschöpfungshinterziehung die falsche Quantitäts- oder Qualitätsangabe der Ware sowie die Täuschung über das Ursprungsland. Aufgrund der falschen Quantitäts- bzw. Qualitätsangabe werden die zu erhebenden Abschöpfungsbeträge niedriger festgesetzt als bei einer ordentlichen Deklarierung. Bei der Falschangabe des Ursprungslandes werden, sofern es sich um ein EG-Mitgliedsland handelt, keine Abschöpfungen erhoben. Eine in dieser Tatmodalität begangene Abschöpfungshinterziehung stellt somit eine Steuerverkürzung gemäß § 370 Abs. 1, 1. Alt. AO dar. Einen nicht gerechtfertigten Steuervorteil im Sinne des § 370 Abs. 1, 2. Alt. AO sieht der Bundesgerichtshof[6] auch in der Inanspruchnahme einer — auf betrügerische Weise erlangten — Ausfuhrerstattung in Form abschöpfungsfreier Einfuhr, wie sie im *Süddeutschen Getreideskandal*[7] dargestellt wurde. Den Tätern wurde die abschöpfungsfreie Einfuhr von Getreide gewährt, auf die sie jedoch wegen ihres betrügerischen Verhaltens keinen Anspruch hatten.

Eine sachliche Bedeutung kommt der Unterscheidung zwischen der Steuerverkürzung und dem Erlangen nicht gerechtfertigter Steuervorteile nach h. M. nicht zu. Die Vorteilserlangung kann als Unterfall der Steuerverkürzung angesehen werden[8]. Während die Steuerverkürzung „das Zurückbleiben der Ist-Einnahme hinter der Soll-Einnahme" ist[9], liegt das Erlangen eines Steuervorteils u. a. dann vor, wenn Steuervergünstigungen, steuerliche Erleichterungen oder auch Stundungen gewährt werden[10]. Dahingehend ist auch die Entscheidung des BGH zum *Süddeutschen Getreideskandal* zu verstehen, in der die Inan-

---

[4] *Kühn / Kutter*, § 370 Anm. 1 a; *Tipke*, S. 528.

[5] Vgl. 2. Kap. II sowie die Fälle Nr. 1, 2, 3.

[6] BGH NJW 1973, S. 1562 ff. = BGHSt 25, 190 ff.

[7] Vgl. oben Fall Nr. 4.

[8] BGH AWD 1973, S. 478; *Suhr / Naumann*, S. 279; vgl. auch *Franzen / Samson*, § 370 Anm. 52, der diese Frage dahinstehen läßt, da das Gesetz beide Fälle „nebeneinander und eigenständig behandelt"; nach *Tipke*, S. 507, stellt die Steuerverkürzung begrifflich auch „das Erschleichen eines Steuervorteils" dar; nach *Hübschmann / Hübner*, § 370 Anm. 21, ist das Erlangen ungerechtfertigter Steuervorteile Spezialform der allgemeinen Steuerverkürzung.

[9] *Franzen / Samson*, § 370 Anm. 15; *Hübschmann / Hübner*, § 370 Anm. 28.

[10] *Kühn / Kutter*, § 370 Anm. 3 a; *Suhr / Naumann*, S. 279; vgl. auch die ausführliche Aufzählung der Steuervorteile bei *Hübschmann / Hübner*, § 370 Anm. 32.

spruchnahme einer Ausfuhrerstattung in Form von abschöpfungsfreier Einfuhr als Erlangen einer Steuervergünstigung im Sinne der 2. Alt. des § 370 Abs. 1 AO angesehen wurde.

bb) Die Strafandrohung

Die Strafandrohung für die Steuerhinterziehung beträgt Freiheitsstrafe bis zu fünf Jahren oder Geldstrafe.

Neben der Freiheitsstrafe kann jedoch auch zusätzlich eine Geldstrafe verhängt werden, „wenn sich der Täter — was im Falle der Steuerhinterziehung in der Regel der Fall sein wird — bereichert oder zu bereichern versucht hat"[11]. Eine derartige Geldstrafe müßte jedoch gemäß § 41 StGB unter Berücksichtigung der wirtschaftlichen und persönlichen Verhältnisse des Täters angebracht sein. Diese Vorschrift, die „Ausnahmecharakter trägt"[12], soll die Möglichkeit eröffnen, den Täter durch die Tat auch wirtschaftlich zu treffen[13]. Allerdings darf die Verhängung dieser kumulativen Geldstrafe nicht zu einer Strafverschärfung führen; vielmehr ist die Freiheitsstrafe um ein der Geldstrafe entsprechendes Maß zu reduzieren[14].

Für die Strafzumessung, die sich in erster Linie nach der Schuld des Täters richtet[15], ist u. a. die Höhe der verkürzten Steuer bzw. des ungerechtfertigten Vorteils von entscheidender Bedeutung[16]. Die Höhe des Schadens „ergibt sich aus der Differenz zwischen der Steuer laut Erklärung bzw. Veranlagung und der Steuer laut nachträglicher Feststellung"[17]. Werden diese Grundsätze auf die Abschöpfungshinterziehung übertragen, so muß sich auch hier die Höhe des Schadens aus der Differenz der hinterzogenen und der vom Importeur tatsächlich geschuldeten bzw. gezahlten Abschöpfung ergeben. Deklariert ein Importeur bei der Einfuhr hochwertiges Getreide als minderwertige Futtermittel und bezahlt hierfür die entsprechenden Abschöpfungsbeträge, so ist die Differenz zwischen dem geschuldeten und dem tatsächlich gezahlten Abschöpfungsbetrag der Schaden[18].

---

11 *Kühn / Kutter,* § 370 Anm. 12 a; vgl. auch *Hübschmann / Hübner,* § 370 Anm. 150.

12 BGHSt 26, 325, 330; *Dreher / Tröndle,* § 41 Anm. 2.

13 *Schönke / Stree,* § 41 Anm. 1 m. w. Nachw., der jedoch das kriminalpolitische Bedürfnis für eine solche Regelung in Zweifel zieht, da der Täter durch die Freiheitsstrafe bereits wirtschaftlich getroffen werde.

14 *Schönke / Stree,* § 41 Anm. 8; *Dreher / Tröndle,* § 41 Anm. 4.

15 *Schönke / Stree,* § 46 Anm. 8.

16 *Suhr / Naumann,* S. 256, 281; *Franzen / Samson,* § 370 Anm. 37; *Klein / Orlopp,* § 370 Anm. 16 c; *Tiedemann,* Wirtschaftsstrafrecht Bd. 1, S. 245.

17 *Suhr / Naumann,* S. 256; vgl. auch *Franzen / Samson,* § 370 Anm. 36, 45.

18 Vgl. BGH JZ 1975, S. 183 ff. mit kritischer Anmerkung von *Tiedemann, S. 185 ff.* = Wirtschaftsstrafrecht Bd. 1, S. 243 ff.

Umstritten ist dieses Ergebnis jedoch bei der Abschöpfungshinterziehung in Form des Erlangens nicht gerechtfertigter Steuervorteile, wie sie im *Süddeutschen Getreideskandal*[19] dargestellt wurde: Als Subvention für die Ausfuhr wird Abschöpfungsfreiheit für entsprechende Einfuhren gewährt; bei ordnungsgemäßer Deklarierung würde der Exporteur jedoch eine Barerstattung erhalten, die niedriger ist als der Betrag (Steuervorteil), der durch die Abschöpfungsfreiheit gewährt wird. In dem zu entscheidenden Fall hat der BGH für die Strafzumessung auch auf den Differenz- und nicht auf den ganzen durch die Abschöpfungsfreiheit gewährten Betrag abgestellt, wobei er ausdrücklich seine Entscheidung mit der ihr zugrundeliegenden „besonderen Fallgestaltung" rechtfertigt[20]. Einer derartigen Einschränkung der Berechnung auf die „besondere Fallgestaltung" hätte es jedoch nicht bedurft: Wird mit der herrschenden Meinung davon ausgegangen, daß zwischen dem Tatbestand der Steuerverkürzung und dem des Erlangens nicht gerechtfertigter Steuervorteile keine sachlichen Unterschiede bestehen und sich die Schadenshöhe bei der Steuerverkürzung aus der Differenz der geschuldeten und der tatsächlich gezahlten Steuer errechnet, dann kann für die Schadensberechnung der 2. Alt. der Steuerhinterziehung, dem Erlangen nicht gerechtfertigter Steuervorteile, nichts anderes gelten. Mit dieser Schadensberechnung steht auch § 370 Abs. 4 AO nicht in Widerspruch[21], der vorsieht, daß die Strafbarkeit auch dann gegeben ist, „wenn die Steuer ... aus anderen Gründen hätte ermäßigt oder der Steuervorteil aus anderen Gründen hätte beansprucht werden können". Da es sich hierbei um eine Strafbarkeits- und nicht um eine Strafzumessungsregel handelt, kann sie keinen Einfluß auf die für die Strafzumessung relevante Berechnung der Schadenshöhe haben.

Neben diesen sich auf den Unrechts- und Schuldgehalt der Tat beziehenden Umständen spielen bei einer Verurteilung zu einer Geldstrafe für deren Höhe auch die persönlichen und wirtschaftlichen Verhältnisse des Täters eine entscheidende Rolle. Gemäß § 40 StGB wird die Bemessung der Geldstrafe nach dem sog. Tagessatzsystem vorgenommen; die Strafzumessung erfolgt demnach in zwei Phasen[22]: Die erste Phase, die Bestimmung der Zahl der Tagessätze, richtet sich nach dem Schuld- und Unrechtsgehalt der Tat. Danach folgt die Bestimmung der Höhe eines Tagessatzes, die sich nach den persönlichen und wirtschaftlichen Verhältnissen richtet. Dies hat zur Folge, daß für

[19] Vgl. Fall Nr. 4.

[20] Vgl. *Tiedemann*, Wirtschaftsstrafrecht Bd. 1, S. 245 ff., der sich kritisch mit dieser Begründung und der Schadensberechnung auseinandersetzt.

[21] So aber *Tiedemann*, Wirtschaftsstrafrecht Bd. 1, S. 245.

[22] Vgl. hierzu nur *Schönke / Stree*, § 40 Anm. 1 ff. m. w. Nachw.

Taten mit gleichem Schuldgehalt unterschiedlich hohe Geldstrafen ausgesprochen werden können, die jedoch je nach den persönlichen und wirtschaftlichen Verhältnissen die Täter gleichermaßen stark belasten.

In besonders schweren Fällen der Steuerhinterziehung beträgt die Strafandrohung Freiheitsstrafe von sechs Monaten bis zu zehn Jahren. Die an Hand von Regelbeispielen[23] in § 370 Abs. 3 AO erläuterte besonders schwere Steuerhinterziehung liegt vor, wenn z. B. „aus grobem Eigennutz in großem Ausmaß Steuern verkürzt oder nicht gerechtfertigte Steuervorteile erlangt" werden (§ 370 Abs. 3 Nr. 1 AO), oder „unter Verwendung nachgemachter oder falscher Belege fortgesetzt Steuern verkürzt oder nicht gerechtfertigte Steuervorteile erlangt" werden (Nr. 4).

cc) Nebenfolgen

Zu den in § 370 AO angedrohten Strafen können gemäß § 375 AO Nebenfolgen treten. Das Gericht kann die Einziehung der Gegenstände, auf die sich die Tat bezieht, sowie der Beförderungsmittel, die zur Tat benutzt worden sind, anordnen. Aus der Verweisung auf § 74 a StGB in § 375 Abs. 2 AO folgt, daß diese Gegenstände nicht dem Täter gehören müssen. Die Einziehung von Gegenständen, die tatunbeteiligten Dritten gehören, ist dann zulässig, wenn der Dritte „wenigstens leichtfertig dazu beigetragen hat, daß die Sache oder das Recht Mittel oder Gegenstand der Tat oder ihrer Vorbereitung gewesen ist, oder die Gegenstände in Kenntnis der Umstände, welche die Einziehung zugelassen hätten, in verwerflicher Weise erworben hat" (§ 74 a StGB).

Sofern wegen einer Steuerhinterziehung eine Freiheitsstrafe von mindestens einem Jahr verhängt wird, kann das Gericht die Fähigkeit, öffentliche Ämter zu bekleiden, und die Fähigkeit, Rechte aus öffentlichen Wahlen zu erlangen, aberkennen.

b) Der Versuch

Gemäß § 370 Abs. 2 AO ist der Versuch einer Steuerhinterziehung strafbar. Der Versuch kann milder bestraft werden als das vollendete Delikt (§ 23 Abs. 2 StGB). Da der Tatbestand der Steuerhinterziehung als Erfolgsdelikt ausgestaltet ist[24], liegt ein Versuch z. B. dann vor, wenn unrichtige oder unvollständige Anträge bei der zuständigen, über die Abschöpfungshöhe zu befindenden Stelle eingegangen sind[25]. Fraglich ist jedoch, wann der „Erfolg" eingetreten, das Delikt also vollendet ist: Ist für die Vollendung der Eintritt der Steuerverkürzung bzw. das Erlangen des Vorteils notwendig[26], oder genügt bereits

---

[23] *Brummer,* S. 129; *Franzen / Samson,* § 370 Anm. 8, 207.

[24] *Suhr / Naumann,* S. 268; *Franzen / Samson,* § 370 Anm. 13.

[25] *Suhr / Naumann,* S. 281; *Kühn / Kutter,* § 370 Anm. 9 b.

die Bekanntgabe der Begünstigung an den Begünstigten[27] bzw. die zu niedrige Festsetzung der Steuer seitens der Behörde[28]? Aus der Rechtsgutbestimmung — neben dem öffentlichen Interesse am vollständigen Aufkommen der Steuern auch der Anspruch des Trägers der Steuerhoheit auf Mitwirkung des Steuerpflichtigen — folgt, daß bereits die zu niedrige Festsetzung der Steuer seitens der Behörde aufgrund der Verletzung der Mitwirkungspflicht zur Vollendung der Tat führt[29], unabhängig davon, ob der Täter am Ende tatsächlich einen materiellen Vorteil erzielt.

c) Die Steuerordnungswidrigkeiten, insbesondere die leichtfertige Steuerverkürzung, § 378 AO

Bei den Steuerordnungswidrigkeiten nimmt die leichtfertige Steuerverkürzung (§ 378 AO) den „weitaus größten Rahmen" ein[30]. Durch die Bezugnahme auf § 370 Abs. 1 wird deutlich, daß die Steuerhinterziehung und die leichtfertige Steuerverkürzung im objektiven Tatbestand identisch sind. Der Unterschied besteht auf der subjektiven Seite. Während die Steuerhinterziehung nur vorsätzlich begangen werden kann, genügt hier bereits leichtfertiges Handeln für die Anwendbarkeit des § 378 AO[31].

Leichtfertigkeit ist mit grober Fahrlässigkeit gleichzusetzen: „Erforderlich ist ein besonders leichtsinniges, gleichgültiges oder nachlässiges Verhalten in der Erfüllung steuerlicher Pflichten. Es muß ein besonders grober Verstoß gegen die Sorgfaltspflichten festgestellt werden, um ein leichtfertiges Handeln annehmen zu können[32]." Der Anwendungsbereich der leichtfertigen Steuerverkürzung, die gemäß § 378 Abs. 2 AO mit Geldbuße bis zu DM 100 000 geahndet werden kann, bezieht sich in der Praxis hauptsächlich auf die Fälle, in denen der Vorsatz des Täters nicht nachgewiesen werden kann, der Verdacht vorsätzlicher Handlungsweise aber fortbesteht[33]. § 378 AO wirkt in diesen Fällen als „Auffangtatbestand": Wegen der geringeren Anforderungen an die subjektive Tatseite werden die Beweisschwierigkeiten in einem Verfahren wegen Steuer- bzw. Abschöpfungshinterziehung verringert[34]. Dies erklärt auch, daß vom Bestehen eines „fließen-

---

[26] So *Kühn / Kutter*, § 370 Anm. 9 b; *Koch / Fliege*, § 370 Anm. 17; *Hübschmann / Hübner*, § 370 Anm. 10, 15.

[27] So *Suhr / Naumann*, S. 281.

[28] So *Klein / Orlopp*, § 370 Anm. 17.

[29] Vgl. hierzu *Tiedemann*, Wirtschaftsstrafrecht Bd. 2, S. 120 ff.

[30] *Lohmeyer*, DStZ A 1976, S. 239, 241.

[31] *Brummer*, S. 131 f.

[32] *Lohmeyer*, DStZ A 1976, S. 239, 241; vgl. auch *Brummer*, S. 132; *Tiedemann*, Wirtschaftsstrafrecht Bd. 2, S. 93; *Franzen / Samson*, § 378, Anm. 22 ff.

[33] *Franzen / Samson*, § 378 Anm. 5; vgl. auch *Tipke*, S. 535.

den Überganges“ zwischen Steuerstraftat und Steuerordnungswidrigkeit gesprochen wird[35].

Die §§ 379 ff. AO führen weitere Ordnungswidrigkeiten auf, so etwa die Steuergefährdung (§ 379 AO) durch das vorsätzliche oder leichtfertige Ausstellen von in tatsächlicher Hinsicht unrichtigen Belegen, durch die eine Steuerverkürzung oder das Erlangen nicht gerechtfertigter Steuervorteile ermöglicht werden sowie die Gefährdung der Eingangsabgaben (§ 382 AO).

d) Geltung der deutschen Strafvorschriften für eine im Ausland begangene Abschöpfungshinterziehung

Die Straf- und Bußgeldvorschriften der Steuerhinterziehung bzw. der leichtfertigen Steuerhinterziehung sind auch anwendbar, wenn Abschöpfungsbeträge hinterzogen werden, die von einem anderen Mitgliedstaat der Europäischen Gemeinschaften verwaltet werden (§§ 370 Abs. 6, 378 Abs. 1 AO). Diese Regelung stellt klar, daß die Straf- und Bußgeldvorschriften der Abgabenordnung nicht nur auf Abschöpfungen, die von deutschen Stellen verwaltet werden, Anwendung finden[36]; eine Abschöpfungshinterziehung von einem Ausländer im Ausland begangen, wird daher auch vom deutschen Strafrecht erfaßt[37].

2. Strafbarkeit der Subventionserschleichung

Auf die Subventionserschleichung findet der als Vergehen ausgestaltete Tatbestand des Subventionsbetruges (§ 264 StGB) Anwendung. Geschütztes Rechtsgut dieses durch das Erste Gesetz zur Bekämpfung der Wirtschaftskriminalität[38] eingeführten Tatbestandes ist neben dem „öffentlichen Vermögen“ auch die „Institution der Subvention als wichtiges Instrument staatlicher Wirtschaftslenkung und die mit ihr verfolgten wirtschaftspolitischen Zielsetzungen als solche“[39]. Die sozialschädliche Handlung liegt darin, daß die Subventionsmittel nicht dem der staatlichen Planung entsprechenden Zweck eingesetzt werden[40].

---

34 Vgl. *Tiedemann*, Wirtschaftsstrafrecht Bd. 1, S. 112 ff., für die gleichgelagerte Problematik bei der — noch darzustellenden — leichtfertigen Subventionserschleichung. Allgemein zu den Schwierigkeiten des Nachweises der Absicht in Fällen von Subventionskriminalität vgl. *Opp*, S. 16 f.

35 *Kühn / Kutter*, Vorbem. 1 zu § 369.

36 *Hübschmann / Hübner*, § 370 Anm. 63.

37 Vgl. *Franzen / Samson*, § 370 Anm. 17.

38 Vom 29. 7. 1976, BGBl. I S. 2034 ff.

39 *Schönke / Lenckner*, § 264 Anm. 4; vgl. auch *Tiedemann*, Wirtschaftsstrafrecht Bd. 2, S. 106; *Dreher / Tröndle*, § 264 Anm. 3; *Lackner*, § 264 Anm. 1; *Dreiss / Eitel-Dreiss*, S. 29.

40 BT DS 7/5291 vom 3. 6. 1976, S. 3; *Schönke / Lenckner*, § 264 Anm. 8.

Gemäß § 264 Abs. 6 StGB fallen unter den sachlichen Anwendungsbereich des Tatbestandes auch nach dem Recht der Europäischen Gemeinschaften gewährte Subventionen, und zwar unabhängig davon, ob sie unmittelbar von Stellen der EG oder aufgrund von EG-Vorschriften von nationalen Stellen vergeben werden[41].

Der Tatbestand des Subventionsbetruges umfaßt sowohl die vorsätzliche (§ 264 Abs. 1, 2 StGB) als auch die leichtfertige Subventionserschleichung (§ 264 Abs. 3 StGB). Da der Subventionsbetrug als Gefährdungsdelikt ausgebildet ist[42], pönalisiert er bereits Täuschungshandlungen, die zur Erlangung von Subventionen im Sinne des Abs. 6 vorgenommen werden[43], erfaßt also schon Tathandlungen im „Vorfeld der eigentlichen Schädigung“[44]. Der Eintritt eines Schadens ist somit nicht erforderlich[45].

a) Der vorsätzliche Subventionsbetrug, § 264 StGB

Die Tathandlung kann einmal in der unrichtigen oder unvollständigen Angabe über subventionserhebliche Tatsachen, zum anderen in dem Unterlassen der vorgeschriebenen Mitteilungen über subventionserhebliche Tatsachen liegen (§ 264 Abs. 1 Nr. 1 und 2 StGB). Abs. 1 Nr. 3 führt als Tathandlung noch das Gebrauchen einer durch unrichtige oder unvollständige Angaben erlangten Bescheinigung über eine Subventionsberechtigung oder über subventionserhebliche Tatsachen in einem Subventionsverfahren auf. Subventionserheblich sind gemäß Abs. 7 Nr. 1 solche Tatsachen, „die durch Gesetz oder aufgrund eines Gesetzes von dem Subventionsgeber als subventionserheblich bezeichnet sind“.

Im Zusammenhang mit Abs. 7 Nr. 1 ist § 2 SubvG[46] zu sehen, der den Subventionsgeber verpflichtet, den Subventionsnehmer über diese subventionserheblichen Tatsachen vor Bewilligung oder Gewährung

---

[41] *Müller-Emmert / Maier*, NJW 1976, S. 1658; *Lackner*, § 264 Anm. 2 b.

[42] *Tiedemann*, Wirtschaftsstrafrecht Bd. 1, S. 82; *Göhler / Wilts*, DB 1976, S. 1613.
Die Ausgestaltung als Gefährdungsdelikt wird „sowohl im Hinblick auf die dadurch erreichte Präventivwirkung als auch auf die Schwierigkeit, den Eintritt und Umfang des Schadens festzustellen, sowie schließlich mit Rücksicht auf die enge Verflechtung der Vorgänge und Interessen im wirtschaftlichen Bereich ... als strafrechtliche(s) Mittel zur Bekämpfung der Wirtschaftskriminalität empfohlen“; vgl. *Tiedemann*, Wirtschaftsstrafrecht Bd. 1, S. 81 f. m. w. Nachw.

[43] *Müller-Emmert / Maier*, NJW 1976, S. 1658.

[44] *Tiedemann*, Wirtschaftsstrafrecht Bd. 1, S. 81.

[45] *Schönke / Lenckner*, § 264 Anm. 38.

[46] BGBl. 1976 I S. 2037 f.; das Subventionsgesetz ergänzt als verwaltungsrechtliche Regelung den Tatbestand des Subventionsbetruges, *Göhler / Wilts*, DB 1976, S. 1609.

der Subvention in Kenntnis zu setzen. Die Aufforderung des § 2 SubvG richtet sich nur an deutsche, nicht an EG-Stellen, da letztere selbstverständlich durch ein deutsches Gesetz nicht verpflichtet werden können[47]. Insofern muß zwischen Subventionen unterschieden werden, die aufgrund einer EG-Richtlinie direkt von EG-Stellen und denen, die unter Einschaltung einer deutschen Behörde vergeben werden, wie es bei den Ausfuhrerstattungen der Fall ist. Die zuständige Erstattungsbehörde — das Hauptzollamt Hamburg-Jonas[48] — muß also gemäß § 2 SubvG dem Subventionsnehmer alle subventionserheblichen Tatsachen mitteilen, „unabhängig davon, inwieweit die Vergabevoraussetzungen bereits im Gesetz über die konkrete Subvention selbst zum Ausdruck gekommen sind“[49], damit § 264 StGB zur Anwendung gelangen kann. Bestimmt — wie oben im *Wurst-Fall* dargestellt[50] — zum Beispiel eine EG-Richtlinie, daß der Export von Wurst nur erstattungsfähig ist, wenn die Wurst zum menschlichen Genuß verwendbar ist, so stellt dies eine Voraussetzung für die Gewährung der Erstattung dar. Das Hauptzollamt Hamburg-Jonas als die Ausfuhrerstattung bewilligende Behörde muß den Subventionsnehmer gemäß § 2 SubvG von dieser subventionserheblichen Tatsache in Kenntnis setzen.

Gemäß Abs. 7 Nr. 2 sind ferner solche Tatsachen subventionserheblich, „von denen die Bewilligung, Gewährung, Rückforderung, Weitergewährung oder das Belassen einer Subvention oder eines Subventionsvorteils gesetzlich abhängig ist“. Nr. 2 erfaßt die Fälle, in denen eine ausdrückliche Bezeichnung als subventionserheblich im Sinn der Nr. 1 fehlt, gleichwohl aber dem Gesetz die Voraussetzungen für die Bewilligung, Gewährung usw. der Subvention entnommen werden können[51]. Ein solches Gesetz kann auch eine Rechtsvorschrift der EG sein, so daß Nr. 2 seine praktische Bedeutung vor allem bei der Subventionsvergabe unmittelbar durch EG-Behörden erhält, die durch § 2 SubvG nicht verpflichtet werden können[52].

Werden über die subventionserheblichen Tatsachen unrichtige oder unvollständige Angaben gemacht, ist die Tathandlung des § 264 Abs. 1 Nr. 1 StGB gegeben. Das Delikt ist bereits dann vollendet, wenn

---

47 Prot., S. 2719; *Schönke / Lenckner*, § 264 Anm. 34; *Müller-Emmert / Maier*, NJW 1976, S. 1659 f.

48 Vgl. „Liste der nationalen Dienststellen und Einrichtungen, die ermächtigt sind, die Ausgaben des Europäischen Ausrichtungs- und Garantiefonds für die Landwirtschaft zu tätigen“, in ABl.EG Nr. C 27 vom 17. 3. 1972, S. 14 ff.

49 *Müller-Emmert / Maier*, NJW 1976, S. 1659.

50 Oben Fall Nr. 9.

51 *Schönke / Lenckner*, § 264 Anm. 36; *Müller-Emmert / Maier*, NJW 1976, S. 1660.

52 *Lackner*, § 264 Anm. 3 b; vgl. auch Prot., S. 2719.

falsche Angaben gegenüber dem Subventionsgeber im Subventionsvergabeverfahren gemacht, diesem also zugegangen sind[53].

Die Tathandlung des § 264 Abs. 1 Nr. 2 StGB, das Unterlassen der vorgeschriebenen Mitteilung über subventionserhebliche Tatsachen, umfaßt hauptsächlich den nachträglichen Wegfall von Subventionsvergabevoraussetzungen[54]. Im Zusammenhang hiermit ist die Einführung des Prinzips der Subventionsehrlichkeit in § 3 SubvG zu sehen, wodurch eine umfassende Mitteilungspflicht begründet wird[55]. Der Subventionsnehmer hat dem Subventionsgeber unverzüglich alle Tatsachen mitzuteilen, „die zu einer Versagung oder Rückgewährung der Subvention oder des Subventionsvorteils führen können“[56].

Ebenfalls von Bedeutung in diesem Zusammenhang ist § 4 SubvG, der in Abs. 1 Scheingeschäfte und Scheinhandlungen und in Abs. 2 den Mißbrauch von Gestaltungsmöglichkeiten regelt.

> § 4 Abs. 1: „Scheingeschäfte und Scheinhandlungen sind für die Bewilligung, Gewährung, Rückforderung und Weitergewährung oder das Belassen einer Subvention oder eines Subventionsvorteils unerheblich. Wird durch ein Scheingeschäft oder eine Scheinhandlung ein anderer Sachverhalt verdeckt, so ist der verdeckte Sachverhalt für die Bewilligung, Gewährung, Rückforderung, Weitergewährung oder das Belassen der Subvention oder des Subventionsvorteils maßgebend.“
>
> § 4 Abs. 2: „Die Bewilligung oder Gewährung einer Subvention oder eines Subventionsvorteils ist ausgeschlossen, wenn im Zusammenhang mit einer beantragten Subvention ein Rechtsgeschäft oder eine Handlung unter Mißbrauch von Gestaltungsmöglichkeiten vorgenommen wird. Ein Mißbrauch liegt vor, wenn jemand eine den gegebenen Tatsachen und Verhältnissen unangemessene Gestaltungsmöglichkeit benutzt, um eine Subvention oder einen Subventionsvorteil für sich oder einen anderen in Anspruch zu nehmen oder zu nutzen, obwohl dies dem Subventionszweck widerspricht. Dies ist namentlich dann anzunehmen, wenn die förmlichen Voraussetzungen einer Subvention oder eines Subventionsvorteils in einer dem Subventionszweck widersprechenden Weise künstlich geschaffen werden.“

Diese Regelung erfaßt gemäß dem Wortlaut einmal die — im *Marokko-Fall*[57] dargestellten — vorgetäuschten Exporte in Drittländer zur Verschleierung des eigentlichen Bestimmungslandes, zum anderen auch die Fälle der Herstellung von Phantasieprodukten[58] nur zum

---

[53] *Schönke / Lenckner*, § 264 Anm. 48; *Müller-Emmert / Maier*, NJW 1976, S. 1660; *Lackner*, § 264 Anm. 5 a.

[54] *Müller-Emmert / Maier*, NJW 1976, S. 1660.

[55] *Müller-Emmert / Maier*, NJW 1976, S. 1660; *Göhler / Wilts*, DB 1976, S. 1614; vgl. auch *Dreiss / Eitel-Dreiss*, S. 217.

[56] *Schönke / Lenckner*, § 264 Anm. 53.

[57] Oben Fall Nr. 7.

[58] Vgl. oben Fall Nr. 9.

Zwecke der Subventionserlangung[59] sowie die Karussellgeschäfte[60]. Sie ist jedoch auf die nach EG-Recht gewährten Subventionen nicht anwendbar, da sie unmittelbar die „materiellen Vergabevoraussetzungen“[61] berührt und dem Gesetzgeber die Kompetenz für eine derartige Regelung in bezug auf die nach EG-Recht gewährten Subventionen nicht zusteht[62]. Gleiches gilt für die durch § 3 SubvG begründete Mitteilungspflicht[63].

Der Subventionsbetrug wird gemäß § 264 Abs. 1 StGB mit Freiheitsstrafe bis zu fünf Jahren oder mit Geldstrafe bestraft. Für die Strafzumessung ist von erheblicher Bedeutung, ob durch die Tathandlung eine bloße Gefährdung des Rechtsguts bewirkt oder der schädigende Erfolg eingetreten ist[64]. § 264 Abs. 2 StGB droht in besonders schweren Fällen eine Freiheitsstrafe von sechs Monaten bis zu zehn Jahren an. Ein besonders schwerer Fall liegt gemäß den Regelbeispielen des Abs. 2 Nr. 1 u. a. dann vor, wenn der Täter „aus grobem Eigennutz ... eine nicht gerechtfertigte Subvention großen Ausmaßes erlangt“[65].

b) Der leichtfertige Subventionsbetrug, § 264 Abs. 3 StGB

Der leichtfertige Subventionsbetrug (§ 264 Abs. 3 StGB) wird mit Freiheitsstrafe bis zu drei Jahren oder mit Geldstrafe bestraft. Die Inkriminierung der Leichtfertigkeit rechtfertigt sich aus der „erhöhten Verantwortung dessen, der öffentliche Mittel ... unentgeltlich in Anspruch nimmt“[66].

Tathandlungen sind sowohl die unrichtige oder unvollständige Angabe, als auch das Unterlassen der vorgeschriebenen Mitteilungen über subventionserhebliche Tatsachen. Leichtfertigkeit ist mit grober Fahrlässigkeit gleichzusetzen[67]. Wegen der geringeren Anforderungen an den subjektiven Tatbestand wird der leichtfertige Subventionsbetrug auch als Auffangtatbestand angesehen[68].

---

[59] *Tiedemann*, Wirtschaftsstrafrecht Bd. 1, S. 95; *ders.*, Subventionskriminalität, S. 341 f.; *Schönke / Lenckner*, § 264 Anm. 45.

[60] *Göhler / Wilts*, DB 1976, S. 1614; vgl. oben Fall Nr. 8.

[61] *Müller-Emmert / Maier*, NJW 1976, S. 1660; *Lackner*, § 264 Anm. 5 b.

[62] *Tiedemann*, Wirtschaftsstrafrecht Bd. 1, S. 95 ff.; *Götz*, S. 64, 67 f.; vgl. auch die Entscheidungen des EuGH vom 18. 2. 1970, EuR 1970, S. 243 ff. sowie vom 18. 6. 1970, EuR 1970, S. 334 ff.: Den Mitgliedstaaten ist es nicht gestattet, Vorschriften zu erlassen, die die „Tragweite“ einer Verordnung berühren.

[63] *Müller-Emmert / Maier*, NJW 1976, S. 1660; *Lackner*, § 264 Anm. 5 b.

[64] *Lackner*, § 264 Anm. 1; *Schönke / Lenckner*, § 264 Anm. 71.

[65] In bezug auf die Nebenfolgen gilt das für die Abschöpfungshinterziehung Gesagte entsprechend.

[66] *Schönke / Lenckner*, § 264 Anm. 2; vgl. auch *Tiedemann*, Wirtschaftsstrafrecht Bd. 1, S. 87; *Göhler / Wilts*, DB 1976, S. 1615.

[67] *Tiedemann*, Wirtschaftsstrafrecht Bd. 1, S. 113; *ders.*, Subventionskriminalität, S. 326; *Dreiss / Eitel-Dreiss*, S. 75 f.

c) Der Versuch

Der Versuch des Subventionsbetruges ist nicht strafbar, da durch § 264 StGB Formen des Versuchs als Tathandlungen verselbständigt sind[69].

d) Geltung der deutschen Strafvorschriften für einen im Ausland begangenen Subventionsbetrug

Gemäß § 6 Nr. 8 StGB gilt das deutsche Strafrecht auch für einen Subventionsbetrug, der im Ausland begangen wird, unabhängig vom Recht des Tatortes. Mit dieser Regelung wird sichergestellt, daß § 264 StGB ebenfalls zur Anwendung kommt, wenn der Subventionsbetrug im Ausland von einem Deutschen oder Ausländer begangen wird, auch wenn es sich nicht um deutsche oder von deutschen Stellen bzw. Behörden verwaltete Subventionen handelt[70]. Diese Ausdehnung des Anwendungsbereiches der Strafvorschrift ist insbesondere auf Subventionen nach Gemeinschaftsrecht von Bedeutung[71]. Begeht zum Beispiel ein Deutscher oder ein Franzose in Frankreich einen Subventionsbetrug, indem er gemeinschaftsrechtliche Subventionen erschleicht, die von französischen Dienststellen oder Einrichtungen ausgezahlt werden, so findet auf diese Subventionserschleichung — unabhängig vom französischen Recht als dem Recht des Tatortes — § 264 StGB Anwendung.

II. Frankreich

1. Strafbarkeit der Abschöpfungshinterziehung

Auf die Abschöpfungshinterziehung finden die Strafvorschriften des Zollgesetzes Anwendung; gemäß Art. 19 ter F.C.D. werden Abschöpfungen wie Zölle behandelt. Das Zollgesetz unterscheidet zwischen Zollvergehen und Zollübertretungen (Art. 408 F.C.D.), wobei es fünf Klassen von Zollübertretungen und drei Klassen von Zollvergehen gibt.

a) Die Zollvergehen, insbesondere Art. 426 F.C.D.

Die Zollvergehen sind in den Art. 414 ff. F.C.D. normiert. Gemäß Art. 414 F.C.D. liegt ein Zollvergehen ersten Grades vor, wenn die

---

68 *Tiedemann*, Wirtschaftsstrafrecht Bd. 1, S. 87; *ders.*, Subventionskriminalität, S. 326; vgl. auch *Götz*, Subventionserschleichung, S. 50, der bisher das Fehlen eines Auffangtatbestandes für leichtfertiges Handeln als Hindernis für eine wirksame Verfolgung des Subventionsschwindels ansah.

69 Prot., S. 2736; vgl. auch *Schönke / Lenckner*, § 264 Anm. 66.

70 *Schönke / Eser*, § 6 Anm. 9 a.

71 *Müller-Emmert / Maier*, NJW 1976, S. 1660; vgl. auch *Dreiss / Eitel-Dreiss*, S. 39 ff.

Handlung einen Schmuggel darstellt oder wenn es sich um eine Ein- oder Ausfuhr ohne Zollerklärung handelt. Ein Vergehen zweiten Grades stellt zum Beispiel der gemeinschaftliche Schmuggel von mindestens drei Personen (Art. 415 F.C.D.), ein Vergehen dritten Grades der gemeinschaftliche Schmuggel von mehr als sechs Personen (Art. 416 F.C.D.) dar[72]. Die Zollvergehen werden in Schmuggel (Art. 417 bis Art. 422 F.C.D.) und in die dem Schmuggel gleichgestellte Ein- oder Ausfuhr ohne Zollerklärung (Art. 423 bis Art. 429 F.C.D.) unterteilt.

Zentrale Strafvorschrift für die Abschöpfungshinterziehung ist Art. 426 F.C.D., die Ein- oder Ausfuhr von Waren mit falscher Zollerklärung unter Verwendung unrichtiger oder gefälschter Urkunden[73].

aa) Der Tatbestand

Gemäß Art. 426 Abs. 3 F.C.D. müssen sich die unrichtigen oder gefälschten Urkunden auf die Warengattung, den Warenwert oder den Ursprung bzw. die Bestimmung der Ware beziehen. Die Benutzung derartiger gefälschter Urkunden ist in der Regel Teil der Tathandlung einer Abschöpfungshinterziehung[74]. Diese Zuwiderhandlung wird der Ein- oder Ausfuhr ohne Zollerklärung, die sich z. B. in der Formulierung eines Reisenden „Ich habe nichts anzumelden" manifestiert[75], gleichgestellt[76].

Von grundlegender Bedeutung[77] ist Art. 426 Abs. 5 F.C.D. Danach gilt ebenfalls als verbotene Ein- oder Ausfuhr von Waren ohne Zollerklärung:

> „5. die Ausstellung, das Ausstellenlassen, die Beschaffung oder Verwendung einer Rechnung, einer Bescheinigung oder irgendeiner anderen gefälschten Urkunde, welche die Möglichkeit bieten, in Frankreich oder im Ausland zu Unrecht in den Genuß einer Vorzugsregelung zu gelangen oder zu Unrecht einem anderen den Genuß einer Vorzugsregelung zu verschaffen, die in einem internationalen Vertrag oder einem internationalen Abkommen oder in einer internationalen Bestimmung für Waren vorgesehen ist, die das französische Zollgebiet verlassen oder in dieses Zollgebiet gelangen."

Nach dieser Norm sind auch solche Handlungen Zollvergehen, die eigentlich reine Vorbereitungshandlungen im Zusammenhang mit Zoll-

---

72 Beide Fälle werden auch als qualifizierter Schmuggel (contrebande qualifiée) bezeichnet; vgl. *Bequet*, S. 234.

73 *Bigay*, Incidences, S. 959.

74 Vgl. oben 2. Kap. II sowie den *Maisgrieß-Fall*, Fall Nr. 6: Die Täter belegten die Angaben in den Zolldokumenten mit gefälschten und unrichtigen Urkunden in bezug auf den Bestimmungsort und den Wert der Ware. Sie wurden daher u. a. wegen Verstoßes gegen Art. 426 Abs. 3 F.C.D. bestraft.

75 *Gassin*, S. 66.

76 *Gassin*, S. 86 f.; *Grützner*, S. 25.

77 *Grützner*, S. 26.

vergehen, bei denen Warenbewegungen aus oder nach Frankreich vorgenommen werden, darstellen[78]; es handelt sich um Fälschungen von Urkunden und Dokumenten, mit deren Hilfe entweder Frankreich oder einem anderen Staat, mit dem Frankreich ein internationales Abkommen oder einen internationalen Vertrag geschlossen hat, ein Schaden zugefügt werden kann[79]. Diese Vorschrift findet also nicht nur auf die Verletzung französischer Fiskalinteressen Anwendung, sondern z. B. auch auf eine Zuwiderhandlung gegen die Interessen eines Mitgliedslandes der EG. Voraussetzung ist allerdings eine Warenbewegung aus oder nach Frankreich[80].

Im allgemeinen wird bei den Zolldelikten nur eine Handlung, die zum Erfolg, nämlich dem Schadenseintritt führt, verlangt[81]; eine betrügerische Absicht ist nicht erforderlich[82]. Art. 369 Abs. 2 F.C.D. verbietet den Richtern, in einem Verfahren Zuwiderhandlungen wegen fehlender Absicht zu entschuldigen. Hieraus folgt, daß in einem Verfahren wegen einer Abschöpfungshinterziehung der Nachweis des Verschuldens nicht geführt werden muß[83]. Der Betroffene kann weder guten Glauben noch einen Irrtum als Rechtfertigungsgrund geltend machen; allein ein Fall „höherer Gewalt“ kommt als Rechtfertigungsgrund in Betracht[84].

bb) Die Strafandrohung

Für diese Zollvergehen ist in Art. 414 F.C.D. als Strafe angedroht: die Einziehung des Gegenstandes des Betruges, die Einziehung der Transportmittel, die Einziehung der Gegenstände, die der Verschleierung der Tat dienten, Geldstrafe in Höhe des doppelten Wertes des Betrugsgegenstandes und Freiheitsstrafe bis zu drei Monaten. Die Einziehung der Waren und der Transportmittel muß auch dann ausgesprochen werden, wenn der Eigentümer dieser Gegenstände unbekannt ist oder in einem Verfahren freigesprochen wird[85].

Bei der Festsetzung des Wertes des Betrugsgegenstandes ist der Richter weitgehend frei; er kann den Wert selbst durch Schätzung

---

78 *Johannes*, EuR 1968, S. 115 Fußn. 145.

79 *Grützner*, S. 26.

80 Insoweit geht die bei *Hübschmann / Hübner*, § 370 Anm. 59 vertretene Auffassung, gemäß Art. 426 Abs. 5 in Verbindung mit Art. 414 F.C.D. seien generell Vorbereitungshandlungen zur Zollhinterziehung in fremden Staaten strafbar, zu weit.

81 *Berr*, Annexes, S. 63; *Bequet*, S. 54 f.; vgl. auch Cour de Cassation, Recueil Dalloz Sirey 1971, S. 509 f. mit Anm. von *Mazard*, wo die Zolldelikte als „délits matériels“ bezeichnet werden.

82 Bei einigen Zuwiderhandlungen ist hingegen betrügerische Absicht erforderlich. So muß z. B. die Tathandlung des Art. 411 Abs. 1 F.C.D. zum Ziel haben, Abgaben zu hinterziehen.

83 Vgl. *Tiedemann*, Subventionskriminalität, S. 353 f. Fußn. 120.

84 *Berr*, Annexes, S. 63 f.; *Bequet*, S. 54 ff.; *Gassin*, S. 28.

85 *Bequet*, S. 242.

bestimmen[86]. Allerdings besteht der Spielraum nur bei der Festsetzung des Wertes der Ware. Bei der Verhängung der Geldstrafe ist der Richter gemäß Art. 369 Abs. 1 F.C.D. streng an das Gesetz gebunden, also im Falle des Art. 414 F.C.D. an den doppelten Warenwert. Besondere Umstände der Tat darf der Richter — im Gegensatz zur Verhängung der Freiheitsstrafe — nicht berücksichtigen[87]. Dies hat zur Folge, daß die Geldstrafen in der Regel sehr hoch sind[88]. Diese in Art. 414 F.C.D. vorgesehenen Strafen kommen in der Praxis jedoch selten zur Anwendung, da die Zollverwaltung mit dem Delinquenten häufig einen Vergleich schließt[89]. Die rechtliche Grundlage hierfür bietet Art. 350 F.C.D., der der Zollverwaltung die Befugnis verleiht, in jedem Stadium des Verfahrens mit dem Täter einen Vergleich zu schließen, und zwar auch noch nach einem rechtskräftigen Urteil. Ein solcher Vergleich kann aber nur die Geldstrafe, nicht eine etwa verhängte Freiheitsstrafe modifizieren[90]. Die im Vergleichswege festgesetzte Geldstrafe ist in der Regel wesentlich niedriger als eine vom Gericht ausgesprochene[91]. Dies mag einmal daran liegen, daß der Angeklagte oder Verurteilte nicht in der Lage ist, die sehr hohe Geldstrafe zu bezahlen[92], zum anderen, daß bei einem Vergleich die betrügerische Absicht des Täters berücksichtigt wird[93].

b) Die Zollübertretungen

Wie oben dargestellt liegt ein Zollvergehen gemäß Art. 426 Abs. 3 F.C.D. vor, wenn eine falsche Zollerklärung unter Verwendung falscher Urkunden abgegeben wird. Wird jedoch nur eine falsche Erklärung ohne Verwendung unrichtiger Urkunden über die Warengattung, den Warenwert oder den Ursprung der Ware abgegeben, so liegt eine Zollübertretung dritten Grades gemäß Art. 412 Abs. 2 F.C.D. vor[94], die mit einer Geldstrafe von 100 bis 500 FF und der Einziehung der Ware, auf die sich die falsche Erklärung bezieht, geahndet wird.

Neben dieser Zuwiderhandlung gibt es u. a. noch die — allgemein gehaltene — Zollübertretung ersten Grades, die für jede Verletzung

[86] *Berr / Tremeau*, S. 400.

[87] Vgl. auch *Berr*, Annexes, S. 65.

[88] Allgemein für die Geldstrafe im französischen Zollrecht, vgl. *Gassin*, S. 147.

[89] *Delmas-Marty*, La délinquance, S. 139; nach *Berr*, Annexes, S. 66, wird in mindestens 95 % der Fälle ein derartiger Vergleich geschlossen; vgl. auch *Gassin*, S. 5 f.

[90] *Bequet*, S. 258 f.; *Gassin*, S. 147, 221 ff.

[91] *Bequet*, S. 259; *Gassin*, S. 147.

[92] *Gassin*, S. 147.

[93] *Bequet*, S. 262.

[94] Vgl. *Bigay*, Incidences, S. 959.

von Gesetzes- oder Verordnungsvorschriften, die die Zollverwaltung beachten muß, eine Geldstrafe von 100 bis 500 FF androht, sofern diese Verletzung nicht einer strengeren Strafvorschrift unterliegt.

c) Der Versuch

Gemäß Art. 409 F.C.D. ist der Versuch des Zollvergehens wie das vollendete Zollvergehen zu behandeln, so daß auch die gleiche Strafandrohung zur Anwendung kommt. Der Versuch einer Zollübertretung ist nicht strafbar[95].

2. Strafbarkeit der Subventionserschleichung

Auf die Subventionserschleichung finden entweder die Strafvorschriften des Strafgesetzbuches oder die des Zollgesetzes Anwendung.

a) Der Betrug, Art. 405 F.C.P.

Im allgemeinen werden die Fälle der Subventionserschleichung als Betrug im Sinne des Art. 405 F.C.P. behandelt[96]. Geschütztes Rechtsgut des Betruges ist neben dem Eigentum die Freiheit, „über sein Eigentum nach freiem, durch Täuschung unbeeinflußtem Willen verfügen zu können“[97].

aa) Der objektive Tatbestand

Der objektive Tatbestand des Betruges fordert eine Täuschungshandlung, die einen bestimmten Sachübergabeakt zur Folge hat[98]. Als Täuschungshandlung führt Art. 405 F.C.P. den Gebrauch eines falschen Namens, einer falschen Stellung oder Eigenschaft (fausses qualités) sowie die Anwendung betrügerischer Machenschaften (manœuvres frauduleuses) auf. Während der Gebrauch eines falschen Namens oder einer falschen Stellung bzw. Eigenschaft zum Zwecke der Täuschung allein ausreicht[99], erfährt die Täuschungshandlung mittels betrügerischer Machenschaften dahingehend eine Einschränkung, als sie mit dem Ziel erfolgen muß, die „Existenz nicht bestehender Unternehmen, einer nicht erteilten Vollmacht oder eines nicht vorhandenen Kredits“ vorzutäuschen oder um die „Hoffnung oder Befürchtung eines Erfolges, eines Unfalls oder eines anderen erwarteten Ereignisses“[100] entstehen

---

95 *Berr*, Annexes, S. 64; *Bequet*, S. 98.

96 *Delmas-Marty*, La délinquance, S. 139; *Tiedemann*, Subventionskriminalität, S. 353 Fußn. 120.

97 *Kohlmann*, Die Behandlung des Betruges, S. 97.

98 *Rousselet u. a.*, S. 663.

99 *Dalloz* Bd. 2, S. 372; *Schill*, S. 26.

100 Übersetzung von *Götz / Göhler*, Art. 405, S. 218.

zu lassen[101]. Dies bedeutet, daß „1. die Tatsache, von der der Täter das Opfer überzeugt hat, überhaupt nicht vorliegt, 2. sie im Augenblick der Behauptung nicht mehr gegeben ist, 3. sie zwar eine bestimmte Grundlage hat, aber die behaupteten Umstände gänzlich falsch sind, oder wenn die wirklichen Verhältnisse von den vorgespiegelten verschieden sind“[102].

Eine einfache Lüge oder ein bloßes Unterlassen reicht für die Täuschung mittels betrügerischer Machenschaften nicht aus[103]. Da die betrügerischen Machenschaften immer in einem besonderen positiven Tun zum Ausdruck kommen müssen, muß eine einfache Lüge durch eine besondere außerhalb ihrer selbst liegenden Tatsache unterstrichen werden[104]. Dies kann beispielsweise durch den Gebrauch falscher Dokumente oder falscher Unterschriften erfolgen[105].

Die Verwendung gefälschter oder unrichtiger Urkunden bei einer Subventionserschleichung stellt eine derartige betrügerische Machenschaft dar[106]. Aber auch die falsche Zollerklärung ohne Verwendung falscher Dokumente gilt als betrügerische Machenschaft und nicht nur als einfache Lüge. In diesem Fall wird das lügenhafte Vorbringen von einer „mise en scène“ begleitet, so daß ebenfalls eine betrügerische Machenschaft vorliegt[107]. Diese „mise en scène“ ist in der Abgabe der unrichtigen bzw. falschen Zollerklärungen zu sehen.

Die Täuschungshandlung muß kausal für einen bestimmten Sachübergabeakt sein. Aus dieser Kausalität ergibt sich, daß eine Irrtumserregung nicht ausdrücklich im Betrugstatbestand gefordert wird[108]. Der Getäuschte und der, der die Sache übergibt, brauchen nicht identisch zu sein[109]. Gemäß dem Wortlaut des Art. 405 F.C.P. muß sich der Sachübergabeakt auf bestimmte körperliche Gegenstände, wie z. B.

---

101 *Rousselet u. a.*, S. 667.

102 *Schill*, S. 59.

103 *Dalloz* Bd. 2, S. 372 f.; *Schill*, S. 53 ff.; *Garçon*, S. 8 f. sowie die dort angegebenen Entscheidungen.

104 *Dalloz* Bd. 2, S. 373; *Rousselet u. a.*, S. 667; *Larguier / Larguier*, S. 84.

105 *Véron*, S. 31; *Schill*, S. 26 ff.; *Tiedemann*, Subventionskriminalität, S. 353 f. Fußn. 120.

106 In dem oben, Fall Nr. 6, dargelegten *Maisgrieß-Fall* wäre somit auch eine Bestrafung wegen Betruges möglich gewesen; eine dahingehende Prüfung nahm das Gericht jedoch nicht vor, sondern verurteilte die Täter u. a. gemäß Art. 426 Abs. 3 F.C.D. wegen Ausfuhr von Waren mit falscher Zollerklärung unter Verwendung gefälschter und unrichtiger Urkunden.
Nach mündlicher Auskunft von französischen Zollexperten liegt die Ursache für die Nichtanwendung des Art. 405 F.C.P. darin, daß die französische Staatsanwaltschaft in der Regel nur wegen der Zolldelikte und nicht wegen Betruges Anklage erhebt.

107 Vgl. allgemein *Rousselet u. a.*, S. 667; *Larguier / Larguier*, S. 84.

108 *Dalloz* Bd. 2, S. 374; *Garçon*, S. 25; *Schill*, S. 55 ff.

109 *Dalloz* Bd. 2, S. 374.

Geld, Mobilien, Obligationen, beziehen. Um der zunehmenden Bedeutung des Giralgeldes im Zahlungsverkehr Rechnung zu tragen, hat der Cour de Cassation in einer grundlegenden Entscheidung[110] den Anwendungsbereich des Art. 405 F.C.P. auch auf das Giralgeld erstreckt[111]. Unter Berücksichtigung dieser Entscheidung kommt der Aufzählung der körperlichen Gegenstände keine abschließende Wirkung mehr zu[112].

Da der Betrug als reines Tätigkeitsdelikt (délit formel) angesehen wird, kommt es für dessen Vollendung weder auf einen Vermögensschaden noch auf einen Vermögensvorteil an[113]. Somit wird wegen Betruges bestraft, „wenn der Betrogene der Übergabe nicht freiwillig zugestimmt hat, sondern wenn ihm die Übergabe durch betrügerische Mittel abgenötigt wurde“[114]. Beim Betrug gemäß Art. 405 F.C.P. ist also allein entscheidend, daß der Täter mittels Täuschung die Übergabe der aufgeführten Gegenstände bewirkt[115].

bb) Der subjektive Tatbestand

Auf der subjektiven Tatseite ist Vorsatz nur bezüglich der Sachübergabe und der betrügerischen Mittel, die der Täter bei seiner Handlung anwendet, erforderlich, wohingegen eine darüber hinausgehende Bereicherungsabsicht nicht vorliegen muß[116].

b) Die Strafvorschriften des Zollgesetzes als Auffangtatbestände

Kann der Vorsatz des Täters nicht nachgewiesen werden, scheidet eine Verurteilung nach Art. 405 F.C.P. aus. Allerdings kommen dann die Strafvorschriften des Zollgesetzes zur Anwendung, da diese kein Verschulden voraussetzen[117]. Insoweit erfassen die Vorschriften des Zollrechts „zumindest auffangweise“ die nach dem F.C.P. nicht strafbaren Subventionserschleichungen[118].

c) Der Versuch

Da Art. 405 F.C.P. ausdrücklich den Versuch des Betruges dem vollendeten Delikt gleichstellt, gilt sowohl für den vollendeten als für den

[110] Vom 25. 1. 1967 in La Gazette du Palais 1967 I, S. 229 f., mit Anm. von *Cosson*, S. 230 ff.
[111] Vgl. auch *Larguier / Larguier*, S. 85; *Véron*, S. 35.
[112] So aber die früher h. M., vgl. nur *Garçon*, S. 24.
[113] *Véron*, S. 36; *Schill*, S. 80 ff., insb. S. 89.
[114] *Kohlmann*, Die Behandlung des Betruges, S. 96.
[115] *Schill*, S. 91.
[116] *Garçon*, S. 29 f.; *Schill*, S. 92 ff.; insb. S. 95 ff.
[117] Vgl. oben 3. Kap. II 1. a, aa.
[118] *Tiedemann*, Wirtschaftsstrafrecht Bd. 1, S. 91.

versuchten Betrug die gleiche Strafandrohung: Freiheitsstrafe von einem Jahr bis zu fünf Jahren und Geldstrafe von 3 600 bis 36 000 FF. Daneben können u. a. gemäß Art. 405 Abs. 3 F.C.P. die in Art. 42 F.C.P. aufgeführten staatsbürgerlichen, bürgerlichen und Familienrechte für höchstens zehn Jahre aberkannt werden. Ferner sieht Art. 11 F.C.P. die Einziehung der Gegenstände, auf die sich die Tat bezieht, vor, sofern diese dem Täter gehören.

III. Italien

1. Strafbarkeit der Abschöpfungshinterziehung

Auf die Abschöpfungshinterziehung finden die Strafbestimmungen des Zollgesetzes vom 23. Januar 1973 Nr. 43[119] Anwendung, dessen Art. 34 ausdrücklich die Anwendung der Vorschriften des Zollgesetzes auf Abschöpfungen und andere die Ein- oder Ausfuhr betreffende Abgaben, die in gemeinschaftsrechtlichen Regelungen vorgesehen sind, vorschreibt.

a) Die Zollvergehen, Art. 282 ff. I.C.D.

Die Abschöpfungshinterziehung wird gemäß Art. 282 ff. I.C.D. als Schmuggel bestraft. Geschütztes Rechtsgut ist das Recht des Staates, die fälligen Abgaben zu erhalten[120].

aa) Die Tatbestände des Schmuggels

Das Zollgesetz führt mehrere Begehungsweisen des Schmuggels ausdrücklich auf, so den Schmuggel auf dem Landweg (Art. 282), den Schmuggel auf dem Seeweg (Art. 283), den Schmuggel auf dem Meeresweg (Art. 284), den Schmuggel auf dem Luftweg (Art. 285), den Schmuggel zum unbefugten Gebrauch von Waren, die mit Zollbegünstigungen eingeführt worden sind (Art. 287) sowie den Schmuggel bei der vorübergehenden Ein- und Ausfuhr (Art. 291). Schließlich gilt als Auffangtatbestand Art. 292 I.C.D. für alle anderen Fälle von Schmuggel, die die Hinterziehung von Grenzabgaben bezwecken[121].

Der Tatbestand des Schmuggels liegt nicht nur dann vor, wenn die Ware heimlich über die Grenze gebracht wird, sondern auch, wenn betrügerische Handlungen vorgenommen werden, um für die Ware eine andere als die geschuldete Abgabe zu bezahlen[122]. Die Vorlage

---

[119] Gazetta Ufficiale Nr. 80 vom 28. 3. 1973. Diese Strafbestimmungen stimmen im wesentlichen mit den früher geltenden Art. 97 ff. I.C.D. überein.

[120] *D'Aniello*, S. 226.

[121] *D'Aniello*, S. 256; *Lorenzo*, S. 98 f.

[122] *D'Aniello*, S. 291.

gefälschter Warenbegleitpapiere oder falscher Urkunden bei den Zollbehörden stellt z. B. eine solche betrügerische Handlung dar[123]. Die Tathandlung des Schmuggels muß zum Ziel haben, die bei Grenzübertritt fällig werdenden Abgaben (insbesondere Zölle) nicht zu bezahlen[124]. Sie kann sowohl in einem aktiven Tun als auch in einem Unterlassen liegen[125] und muß vorsätzlich begangen werden[126].

bb) Die Strafandrohung

Die verschiedenen Fälle des Schmuggels werden mit einer Geldstrafe bestraft, deren Höhe an die hinterzogene Abgabe gekoppelt ist[127]. Während die Geldstrafe in den Fällen des einfachen Schmuggels mindestens das Doppelte und höchstens das Zehnfache der Abgabe beträgt, die bei einer ordentlichen Deklarierung erhoben worden wäre, beträgt sie in den Fällen, in denen taterschwerende Umstände hinzutreten, mindestens das Fünffache und höchstens das Zehnfache der geschuldeten Abgabe. Kann die Höhe der Grenzabgabe nicht festgestellt werden, so wird gemäß Art. 294 I.C.D. eine Geldstrafe bis zu 500 000 Lire verhängt.

Zu dieser Geldstrafe treten gemäß Art. 19, 20 I.C.P. als Nebenstrafen z. B. hinzu: die Unfähigkeit zur Bekleidung öffentlicher Ämter (Art. 19 Abs. 1 Nr. 1 I.C.P.), die Unfähigkeit zur Ausübung eines Berufs oder Gewerbes (Art. 19 Abs. 1 Nr. 2 I.C.P.) sowie die Entmündigung kraft Gesetzes (Art. 19 Abs. 1 Nr. 3 I.C.P.). Ferner wird gemäß Art. 301 I.C.D. die Einziehung der Gegenstände angeordnet, die der Begehung der strafbaren Handlung dienten und die den Ertrag oder Nutzen der strafbaren Handlung bilden. Gemäß Art. 301 Abs. 2 I.C.D. in Verbindung mit Art. 240 Abs. 3 I.C.P. können Gegenstände, die tatunbeteiligten Dritten gehören, nicht eingezogen werden. Die Benutzung von Transportmitteln, die tatunbeteiligten Personen gehören, ist jedoch gemäß Art. 295 Abs. 1 I.C.D. ein taterschwerender Umstand. Weitere den Schmuggel erschwerende Umstände, die neben der Geldstrafe eine Freiheitsstrafe von drei bis zu fünf Jahren zur Folge haben, sieht Art. 295 Abs. 2 I.C.D. z. B. darin, daß der Täter bewaffnet ist, oder daß neben dem Schmuggel Delikte gegen den öffentlichen Glauben oder die Verwaltung vorliegen[128].

---

[123] *Vinciguerra*, S. 233 ff.

[124] *D'Aniello*, S. 226; *Grützner*, S. 29.

[125] *Lorenzo*, S. 90.

[126] Vgl. Art. 42 Abs. 1, 2 I.C.P. in Verbindung mit Art. 16 I.C.P.

[127] *Lorenzo*, S. 95.

[128] Delikte gegen den öffentlichen Glauben sind u. a. Urkundenfälschungen, vgl. Art. 476 ff. I.C.P.; Delikte gegen die Verwaltung stellen u. a. die Fälle der Beamtenbestechung dar, vgl. Art. 314 I.C.P.

b) Der Versuch

Der Versuch des Schmuggels wird gemäß Art. 293 I.C.D. wie das vollendete Delikt behandelt, so daß auch die gleichen Strafandrohungen gelten[129].

c) Die Zollübertretungen, Art. 302 ff. I.C.D.

Neben den in den Art. 282 ff. I.C.D. geregelten Fällen der Zollvergehen kennt das Zollgesetz noch die Fälle der Zollübertretungen (Art. 302 ff. I.C.D.). Bei den Zollübertretungen ist vorsätzliches Handeln nicht erforderlich. Es genügt, daß aufgrund von Fahrlässigkeit oder Nachlässigkeit die Vorschriften des Zollgesetzes nicht beachtet werden[130].

Ebenso wie beim Schmuggel führt das Zollgesetz eine Vielzahl von Tathandlungen auf, die eine Übertretung darstellen. Auf eine Abschöpfungshinterziehung finden hauptsächlich folgende Übertretungstatbestände Anwendung[131]: Gemäß Art. 303 I.C.D. wird mit einer Geldbuße von 800 bis 2 000 Lire bestraft, wenn ein Unterschied zwischen den in den Zolldokumenten deklarierten und den tatsächlich importierten Waren besteht. Dieser Unterschied kann einmal in einer falschen Mengenangabe, zum anderen in einer falschen Qualitäts- oder Wertangabe liegen. Übersteigt die Differenz des Betrages, den der Importeur dem Zoll tatsächlich schuldet, 5 % des Betrages, den er nach seinen eigenen Angaben schuldet, so beträgt die Geldbuße mindestens den einfachen und höchstens den zehnfachen Differenzbetrag. Der Unterschied zwischen den in den Zolldokumenten deklarierten Waren und den tatsächlich importierten kann einmal aus einer fahrlässigen Falschangabe herrühren, zum anderen aber auch auf eine einfache Lüge bei der Zollerklärung zurückzuführen sein. Voraussetzung für die Übertretung ist somit eine Zollerklärung, in der die Qualität, Quantität oder der Wert der Ware mit der dem Zoll vorgeführten nicht übereinstimmt[132]. Die Einordnung einer derartigen Handlung als Übertretung rechtfertigt sich damit, daß diese einfache Lüge während der Zollkontrolle ohne weiteres aufgedeckt werden kann, was bei der Abgabe einer betrügerischen Zollerklärung, z. B. unter Verwendung falscher Urkunden, nicht der Fall ist[133].

Art. 318 I.C.D. ahndet die Unterlassung oder Verzögerung bei der Vorlage der Zollerklärung mit einer Geldbuße von 800 bis 1 200 Lire. Ebenso wie bei den Zollvergehen gibt es schließlich auch bei den Zoll-

---

129 *D'Aniello,* S. 259.

130 *Grützner,* S. 32; *Vinciguerra,* S. 233 ff.

131 *Grützner,* S. 32.

132 *D'Aniello,* S. 291.

133 *Vinciguerra,* S. 233.

übertretungen einen Auffangtatbestand[134]: Gemäß Art. 322 I.C.D. wird jede andere, nicht ausdrücklich aufgeführte Verletzung von Zollvorschriften mit einer Geldbuße von mindestens 800 und höchstens 20 000 Lire bestraft.

2. Strafbarkeit der Subventionserschleichung

a) Der Betrug, Art. 640 I.C.P.

Die Fälle der Subventionserschleichung werden als Betrug im Sinne des Art. 640 I.C.P.[135] behandelt. Geschütztes Rechtsgut des Betruges ist das öffentliche Interesse an der Unverletzbarkeit des Vermögens[136].

aa) Der Tatbestand

Der Betrugstatbestand umfaßt drei Elemente[137]:

— eine Täuschungshandlung

— eine Irrtumserregung, die zu einer Vermögensverfügung führt

— einen Vermögensschaden, der einen ungerechtfertigten Vorteil beim Handelnden oder einem Dritten bewirkt.

Als Mittel der Täuschungshandlung werden in Art. 640 I.C.P. einmal Kunstgriffe (artifici), zum anderen Vorspiegelungen (raggiri) aufgeführt[138]. Kunstgriffe werden definiert als ausgedachte Veränderungen der Wahrheit, Verschleierungen der Wirklichkeit, die einen nicht existierenden Anschein erwecken[139]. Vorspiegelungen sind Täuschungshandlungen in Form psychischer Manipulation, um auf die Vorstellungen eines anderen einzuwirken[140]. An die Täuschungshandlung werden keine besonderen Anforderungen gestellt. Es genügt jedes auf Täuschung abzielende Verhalten, also von der „mise en scène“ bis zur einfachen Lüge[141]. Die Frage, ob die Täuschung auch in einem bloßen Schweigen oder Unterlassen liegen kann, ist in der italienischen Rechtsprechung und Lehre umstritten[142].

---

134 *D'Aniello,* S. 294.

135 Übersetzung des Art. 640 I.C.P. von *Riz:* „Wer mit Hilfe von Kunstgriffen oder durch Vorspiegelungen in einem anderen einen Irrtum erregt und dadurch sich oder einem anderen einen rechtswidrigen Vorteil zum Schaden eines Dritten verschafft, wird mit ... bestraft.“

136 *Maggiore,* S. 1007; *Manzini,* S. 612; *Cortese,* S. 208 f.

137 *Antolisei,* S. 262.

138 *Kohlmann,* Die Behandlung des Betruges, S. 56, verwendet die Begriffe „List und Tücke“.

139 *Manzini,* S. 626 f.; *Antolisei,* S. 264.

140 *Manzini,* S. 633; *Antolisei,* S. 264.

141 *Manzini,* S. 627 ff.;*Antolisei,* S. 263 f.

142 Vgl. die ausführliche Darstellung des Meinungsstreites bei *Cortese,* S. 146 ff.

Die Täuschungshandlung muß in einem anderen einen Irrtum erregen[143]. Eine infolge des Irrtums vom Getäuschten veranlaßte Vermögensverfügung, wobei Verfügender und Getäuschter nicht identisch sein müssen[144], ist ungeschriebenes Tatbestandsmerkmal des Betruges[145]. Die Vermögensverfügung muß zu einem Vermögensschaden führen. Zwar heißt es im Tatbestand lediglich „con altrui danno"[146], aber aus der Bezeichnung des Betruges als Verbrechen gegen das Vermögen ergibt sich, daß der Schaden vermögensrechtlicher oder wirtschaftlicher Art sein muß[147]. Da der Betrug ein Erfolgsdelikt ist, genügt eine Vermögensgefährdung nicht. Es muß ein Vermögensschaden vorliegen[148]. Dieser Vermögensschaden muß zu einem rechtswidrigen Vorteil beim Täter oder einem Dritten führen.

Als subjektives Tatbestandsmerkmal ist Vorsatz erforderlich, das heißt, auch das Wissen und Wollen, für sich oder einen Dritten einen ungerechtfertigten Vorteil zu fremdem Schaden zu erlangen[149].

bb) Die Strafandrohung

Der einfache Betrug wird gemäß Art. 640 Abs. 1 I.C.P. mit Gefängnis von sechs Monaten bis zu drei Jahren und mit einer Geldstrafe von 20 000 bis 400 000 Lire bestraft. Ferner können Nebenstrafen ausgesprochen und gemäß Art. 240 I.C.P. die Einziehung angeordnet werden[150].

cc) Der qualifizierte Betrug, Art. 640 Abs. 2 I.C.P.

Beim qualifizierten Betrug gemäß Art. 640 Abs. 2 I.C.P. ist die Strafandrohung Gefängnis von einem bis zu fünf Jahren und Geldstrafe von 120 000 bis 600 000 Lire. Straferschwerend wirkt gemäß Art. 640 Abs. 2 I.C.P. u. a. ein Betrug „a danno dello Stato o di un altro ente pubblico", also zum Nachteil der öffentlichen Verwaltung[151]. Da in Italien die „intendenza di finanza della provincia di Roma" zur Zahlung aller Ausfuhrerstattungen ermächtigt ist[152], liegt bei der Erschlei-

---

143 *Manzini*, S. 660; *Maggiore*, S. 1012.

144 *Antolisei*, S. 267.

145 *Antolisei*, S. 262.

146 „ zum Schaden eines Dritten."

147 *Maggiore*, S. 1013; *Antolisei*, S. 269.

148 *Maggiore*, S. 1013; *Manzini*, S. 671.

149 *Maggiore*, S. 1017.

150 Vgl. insoweit die Ausführungen zu den Nebenstrafen und der Einziehung bei der Abschöpfungshinterziehung, oben 3. Kap. III 1. a, bb.

151 *Marini*, S. 256 ff.

152 Vgl. „Liste der nationalen Dienststellen und Einrichtungen, die ermächtigt sind, die Ausgaben des Europäischen Ausrichtungs- und Garantiefonds für die Landwirtschaft zu tätigen", in ABl.EG Nr. C 27 vom 17. 3. 1972, S. 22.

chung von Erstattungen immer ein Betrug „a danno di un altro ente pubblico“ gemäß Art. 640 Abs. 2 I.C.P. vor[153].

b) *Der Versuch*

Der Versuch des Betruges ist gemäß Art. 56 I.C.P. in Verbindung mit Art. 640 I.C.P. strafbar. Da für die Erfüllung des Tatbestandes und somit für die Vollendung des Betruges erforderlich ist, daß der Täter einen rechtswidrigen Vorteil zum Schaden eines anderen erlangt[154], sind die Fälle der bloßen Vermögensgefährdung, in denen kein Schaden eintritt, als Versuchstaten zu bestrafen.

Die Strafe für den Versuch beträgt gem. Art. 56 Abs. 2 I.C.P. die um ein bis zwei Drittel geminderte Strafe für das vollendete Delikt, wobei die straferschwerenden Umstände „a danno dello Stato o di un altro ente pubblico“ keine Berücksichtigung finden[155].

IV. Rechtsvergleichender Überblick

Die Darstellung der einschlägigen, auf die Abschöpfungshinterziehung und die Subventionserschleichung anwendbaren nationalen Strafbestimmungen zeigt nicht unerhebliche Unterschiede auf. Sie betreffen sowohl den objektiven und subjektiven Tatbestand als auch die Strafandrohung.

1. Unterschiede bezüglich der Strafbarkeit der Abschöpfungshinterziehung

Sowohl in Deutschland wie auch in Frankreich und Italien finden auf die Abschöpfungshinterziehung die Strafvorschriften besonderer Gesetze (der Abgabenordnung bzw. der Zollgesetze) Anwendung. Bezüglich der tatbestandlichen Erfassung der Zuwiderhandlungen ergeben sich folgende Unterschiede: In Deutschland wird bei den Steuervergehen zwischen dem Tatbestand der Steuerverkürzung und dem des Erlangens nicht gerechtfertigter Steuervorteile unterschieden, wobei dieser Unterscheidung aber keine sachliche Bedeutung zukommt[156]. Das italienische Zollgesetz kennt hingegen eine Vielzahl von Tatbeständen, die darauf abstellen, unter welchen Bedingungen und auf welchen Wegen die Ware eingeführt wird. Auch das französische Zollrecht führt eine Vielzahl von Tatbeständen auf, wobei sich die Zuwider-

---

153 Allgemein für die Vergabe von Ausfuhrerstattungen durch nationale Behörden, vgl. *Pescatore*, EuR 1970, S. 312 f.

154 *Manzini*, S. 690.

155 *Marini*, S. 258.

156 Vgl. oben, 3. Kap. I 1 a.

handlungen einmal auf die Art der Ein- oder Ausfuhr der Ware, zum anderen auf Zollformalitäten beziehen können[157].

a) Der Anwendungsbereich der einschlägigen Strafvorschriften

Allen Tatbeständen ist gemeinsam, daß sie sowohl die teilweise als auch die vollständige Hinterziehung von Abgaben bzw. Abschöpfungen, die von dem jeweiligen Mitgliedsland verwaltet werden, unter Strafe stellen.

Darüber hinaus finden in Deutschland die Strafvorschriften der Abgabenordnung auch auf die Hinterziehung solcher Abschöpfungen Anwendung, die von einem anderen Mitgliedsland der Europäischen Gemeinschaften verwaltet werden. Der sachliche Anwendungsbereich der Strafvorschriften der Abgabenordnung beschränkt sich also nicht auf die von deutschen Stellen verwalteten Abschöpfungen. Eine vergleichbare, wenn auch nicht so umfassende Regelung kennt das französische Zollgesetz in Art. 426 Abs. 5. Die Einschränkung liegt darin, daß Warenbewegungen aus oder nach Frankreich vorgenommen werden müssen, also ein Bezug zum französischen Territorium vorliegen muß. Im italienischen Zollrecht hingegen fehlt ein derartiger Schutz ausländischer Fiskalinteressen[158].

b) Der objektive Tatbestand

Bei der Anwendung der Steuer- und Zollstrafvorschriften auf die typischen Tathandlungen einer Abschöpfungshinterziehung — der Manipulation der Ursprungsangabe sowie der falschen Quantitäts- und Qualitätsangabe — muß zwischen den Tathandlungen unterschieden

---

[157] *Berr*, Annexes, S. 62 ff.

[158] Im Bewußtsein dieser Unterschiede, vgl. Kommission SEK (76) 4372, S. 8, hat die Kommission am 10. 10. 1976 dem Rat einen „Entwurf für einen Vertrag zur Änderung der Verträge zur Gründung der Europäischen Gemeinschaften zwecks Erlaß einer gemeinsamen Regelung zum strafrechtlichen Schutz der finanziellen Interessen der Gemeinschaften sowie zur Ahndung von Zuwiderhandlungen gegen die Vorschriften genannter Verträge" vorgelegt, vgl. ABl.EG Nr. C 222 vom 22. 9. 1976, S. 2 ff. Dieser Entwurf sieht die Gleichstellung der Gemeinschaftsmittel mit den nationalen Mitteln vor. Gemäß Art. 3 des Vertragsentwurfs in Verbindung mit Art. 14 des „Protokolls über den strafrechtlichen Schutz der finanziellen Interessen der Gemeinschaft sowie über die Ahndung von Zuwiderhandlungen gegen die Vorschriften des Vertrages zur Gründung der Europäischen Wirtschaftsgemeinschaft, gegen Anordnungen ihrer Organe aufgrund des Vertrages und gegen Gesetze, Verordnungen und Verwaltungsvorschriften der Mitgliedstaaten, die ihre Durchführung gewährleisten", vgl. ABl.EG Nr. C 222 vom 22. 9. 1976, S. 7 ff., ist die Anwendung der entsprechenden nationalen Strafvorschriften auf eine Abschöpfungshinterziehung und Subventionserschleichung vorgesehen. Art. 7 des Protokolls verpflichtet den Mitgliedstaat, der die Verfolgung der Zuwiderhandlung durchführt, seine Strafvorschriften anzuwenden.

werden, die lediglich mittels einer falschen Zollerklärung, und denen, die mittels einer falschen Zollerklärung unter zusätzlicher Verwendung falscher Urkunden vorgenommen werden. In Frankreich und Italien erfordert der objektive Tatbestand des Zoll*vergehens*, daß die Tathandlung mittels einer falschen Zollerklärung unter Verwendung unrichtiger Urkunden begangen wird. Wird nur eine falsche Zollerklärung abgegeben, liegt eine Zoll*übertretung* vor. In Deutschland ist diese Unterscheidung unerheblich; auf beide Fälle findet der objektive Tatbestand des *Vergehens* der Steuerhinterziehung Anwendung.

c) Der subjektive Tatbestand

Als subjektives Tatbestandselement der Steuer- bzw. Zollvergehen ist in Deutschland und Italien vorsätzliches Handeln erforderlich. Im französischen Zollrecht wird nur der allgemeine Handlungswille verlangt. Eine auf die Hinterziehung der Abgaben gerichtete vorsätzliche Handlung ist im allgemeinen nicht erforderlich. In diesem Zusammenhang ist Art. 369 Abs. 2 F.C.D. zu sehen, der es den Richtern verbietet, Zuwiderhandlungen wegen fehlender betrügerischer Absicht zu entschuldigen. Die Strafbarkeit einer Abschöpfungshinterziehung wird also allein an die Erfüllung des objektiven Tatbestandes der jeweiligen Strafnorm im Zollrecht geknüpft. Diese Regelung erleichtert in Frankreich eine Bestrafung wegen Abschöpfungshinterziehung[159]. Das Erfordernis der vorsätzlichen Begehungsweise, wie es in Deutschland und Italien gefordert wird, kann in einem Strafverfahren Beweisprobleme mit sich bringen[160], da es häufig u. a. wegen der Vielzahl der in der Regel an der Tat beteiligten Firmen bzw. Personen und des oft sehr verzweigten Warentransportweges[161] schwierig ist, dem Täter vorsätzliches Handeln nachzuweisen.

In diesem Zusammenhang ist die Bußgeldvorschrift der leichtfertigen Steuerverkürzung (§ 378 AO) zu sehen, die in bezug auf den objektiven Tatbestand mit dem Vergehen der Steuerhinterziehung identisch ist. Kann dem Täter ein vorsätzliches Handeln nicht nachgewiesen werden, so daß eine Bestrafung wegen Steuerhinterziehung ausscheidet, greift bei dem Nachweis grob fahrlässigen Handelns die Bußgeldvorschrift der leichtfertigen Steuerverkürzung ein. Zwar kennt auch das italienische Zollrecht Strafnormen, die an die subjektive Tatseite geringere Anforderungen (Fahrlässigkeit) stellen als die Zollvergehen, jedoch handelt es sich hierbei um Zollübertretungen, deren objektiver Tatbestand bereits andere Tathandlungen betrifft.

---

159 Vgl. *Tiedemann*, Wirtschaftsstrafrecht Bd. 1, S. 91.

160 *Berr*, Rapport de synthèse, S. 19 f.

161 Vgl. Fall Nr. 7.

d) Darstellung der Unterschiede an Hand des Butterfett-Falles

Die dargestellten Unterschiede der auf eine Abschöpfungshinterziehung anwendbaren nationalen Strafvorschriften sollen am oben[162] geschilderten *Butterfett-Fall* aufgezeigt werden, wobei die Tathandlung jeweils in das entsprechende Land zu verlegen ist:

aa) Ausgangsfall

Den Tätern gelang es, mittels gefälschter Erlasse des Bundesfinanzministeriums Butter unter Freigabe zum freien Verkehr nach Deutschland einzuführen, so daß keine Abschöpfungsbeträge erhoben wurden. Den Tätern konnte vorsätzliches Handeln nachgewiesen werden.

In allen Ländern stellt diese Tat ein Steuer- bzw. Zollvergehen dar[163].

Bezüglich der Strafandrohung ist zwischen den Haupt- und Nebenstrafen zu unterscheiden. In Deutschland und Frankreich kann wegen Steuer- bzw. Zollvergehen immer eine Freiheitsstrafe verhängt werden, in Italien hingegen nur beim Vorliegen straferschwerender Umstände. Als derartige straferschwerende Umstände gelten z. B. gemäß Art. 295 Abs. 2 I.C.D. in Verbindung mit Art. 476 ff. I.C.P. oder Art. 314 I.C.P. eine beim Schmuggel begangene Urkundenfälschung oder Beamtenbestechung. Da Urkundenfälschung und Beamtenbestechung typische Begleitdelikte einer Abschöpfungshinterziehung sind, kann somit auch in Italien in der Regel eine Freiheitsstrafe verhängt werden.

Die Regelstrafe bei Zoll- und Steuervergehen stellt jedoch die in allen Ländern vorgesehene Geldstrafe dar[164]. Bezüglich der Berechnung der Geldstrafe ergeben sich in den einzelnen Ländern erhebliche Unterschiede. In Frankreich hängt die Geldstrafe vom Wert des Betrugsgegenstandes, in Italien von der Höhe der hinterzogenen Abgaben ab. Die Geldstrafe errechnet sich also in diesen Ländern in direkter Anlehnung an die importierte Ware oder die hinterzogenen Abgaben. In Deutschland wird die Höhe der Geldstrafe nach dem Tagessatzsystem festgelegt, § 40 StGB. Die Anzahl der Tagessätze richtet sich nach dem Schuld- und Unrechtsgehalt der Tat, also u. a. auch nach der Schadenshöhe. Die Berechnung der Höhe eines Tagessatzes erfolgt in Anlehnung an die persönlichen und wirtschaftlichen Verhältnisse des Täters. Aus diesen unterschiedlichen Berechnungskriterien ergibt sich, daß die Höhe der Geldstrafe bei einer Verurteilung wegen Abschöpfungshinterziehung erheblich differieren kann[165].

---

[162] Vgl. Fall Nr. 2.

[163] In Deutschland vgl. § 370 AO; in Frankreich vgl. Art. 426 F.C.D.; in Italien vgl. Art. 282 I.C.D.

[164] *Kohlmann*, Steuerstrafrecht, § 392 Anm. 4; *Berr*, Rapport de synthèse, S. 35.

Bei den Nebenstrafen verdient die Einziehung besondere Beachtung[166]. In Deutschland liegt es im pflichtgemäßen Ermessen des Gerichts[167], ob die Gegenstände, auf die sich die Tat bezieht, und die Beförderungsmittel, die zur Tatbegehung benutzt wurden, eingezogen werden. Unter engen Voraussetzungen kann auch die Einziehung von Gegenständen, die tatunbeteiligten Dritten gehören, angeordnet werden. In Frankreich ist die Einziehung der Gegenstände und Transportmittel der Tat obligatorisch, sogar dann, wenn diese tatunbeteiligten Dritten gehören. In Italien ist die Einziehung ebenfalls vorgeschrieben; dies gilt jedoch nicht für Gegenstände tatunbeteiligter Dritter, die unter keinen Umständen eingezogen werden können.

bb) 1. Fallvariante

Die Tathandlung ist nur mittels falscher Zollerklärung bezüglich der Angabe über den Warenursprung ohne die Vorlage der gefälschten Erlasse begangen worden. Den Tätern konnte vorsätzliches Verhalten nachgewiesen werden.

In Deutschland wäre auch diese Handlung als *Steuervergehen*[168] zu bestrafen. In Frankreich würde diese Handlung eine Einfuhr mittels falscher Zollerklärung ohne Verwendung unrichtiger Urkunden und somit eine *Zollübertretung*[169] darstellen. In Italien stellt die Abgabe einer falschen Zollerklärung keine betrügerische Handlung im Sinne der Art. 282 ff. I.C.D., sondern eine einfache Lüge dar, die nur als *Zollübertretung*[170] zu bestrafen wäre.

Aus der unterschiedlichen Klassifizierung dieser Zuwiderhandlung als Vergehen in Deutschland einerseits und als Übertretung in Frankreich und Italien andererseits ergibt sich, daß die jeweiligen Strafandrohungen erheblich differieren: In Deutschland kann eine Freiheitsstrafe bis zu fünf Jahren oder eine Geldstrafe verhängt werden; in Frankreich beträgt der Strafrahmen 100 bis 500 FF und in Italien 800 bis 20 000 Lire. Während in Deutschland die Einziehung der Gegenstände, auf die sich die Tat bezieht, und der Beförderungsmittel, die zur Tatbegehung benutzt werden, im pflichtgemäßen Ermessen des Gerichts steht, ist in Frankreich die Einziehung der Ware, auf die sich die falsche Erklärung bezieht, obligatorisch. In Italien ist die Einziehung der Gegenstände nicht vorgesehen.

---

165 *Berr*, Rapport de synthèse, S. 34 ff.

166 *Berr*, Rapport de synthèse, S. 36.

167 *Schönke / Eser*, § 74 Anm. 38.

168 § 370 AO.

169 Art. 412 Abs. 2 F.C.D.

170 Art. 322 I.C.D.

cc) 2. Fallvariante

Die Handlung wird mittels einer falschen Zollerklärung unter Verwendung der gefälschten BMF-Erlasse oder nur mittels einer falschen Zollerklärung begangen. Den Tätern kann nicht vorsätzliches, sondern nur grob fahrlässiges Handeln nachgewiesen werden.

In Deutschland wäre die *Bußgeldvorschrift* der leichtfertigen Steuerverkürzung einschlägig, und zwar unabhängig davon, ob die Tat mittels der gefälschten Erlasse geschah oder nicht. Da im französischen Zollrecht die subjektive Tatseite keine Berücksichtigung findet, läge entweder ein *Zollvergehen* (bei Vorlage der gefälschten Erlasse) *oder* eine *Zollübertretung* (bei Abgabe der falschen Zollerklärung ohne Verwendung der gefälschten Erlasse) vor. In Italien scheidet die Bestrafung wegen eines Zollvergehens wie im deutschen Recht mangels Vorsatznachweises aus. Eine Bestrafung könnte nur wegen einer Zollübertretung erfolgen, und zwar ebenfalls unabhängig davon, ob die gefälschten Erlasse vorgelegt werden oder nicht.

Während in Deutschland die Strafandrohung Geldbuße bis zu 100 000 DM beträgt, hängt der Strafrahmen im französischen Recht davon ab, ob ein Zollvergehen oder nur eine Zollübertretung vorliegt. In Italien hingegen ist nur eine Geldbuße bis zu 20 000 Lire vorgesehen.

e) Der Versuch

Die Strafbarkeit wegen einer versuchten Abschöpfungshinterziehung ist in allen Ländern gegeben. Während in Frankreich und Italien der Versuch wie das vollendete Delikt behandelt wird und somit auch die gleichen Strafandrohungen zur Anwendung kommen, kann eine versuchte Abschöpfungshinterziehung in Deutschland milder bestraft werden als die vollendete Tat.

In diesem Zusammenhang verdient die Regelung des Art. 426 Abs. 5 F.C.D. besondere Beachtung: Während in Deutschland und Italien die Tathandlung die Hinterziehung von Abschöpfungen zum Gegenstand haben muß, liegt in Frankreich auch dann ein Zollvergehen vor, wenn Urkunden oder Dokumente gefälscht werden, die die Möglichkeit bieten, zu Unrecht in den Genuß von Zollpräferenzen zu gelangen und mit deren Hilfe entweder Frankreich oder einem anderen Staat, mit dem Frankreich ein internationales Abkommen oder einen internationalen Vertrag geschlossen hat, ein Schaden zugefügt werden kann[171].

[171] In Deutschland ist das Ausstellen von in tatsächlicher Hinsicht unrichtigen Belegen, durch die eine Steuerverkürzung oder das Erlangen eines nicht gerechtfertigten Steuervorteils ermöglicht werden, gemäß § 379 AO eine Ordnungswidrigkeit; in Italien hat die Urkundenfälschung gemäß Art. 295 Abs. 2 I.C.D. straferschwerende Wirkung.

Diese reine Vorbereitungshandlung stellt in Frankreich also bereits ein Zollvergehen dar.

2. Unterschiede bezüglich der Strafbarkeit der Subventionserschleichung

In Frankreich und Italien finden auf die Subventionserschleichung in der Regel[172] die allgemeinen Strafvorschriften des Betruges, in Deutschland der „Sondertatbestand"[173] des Subventionsbetruges Anwendung. Mit diesem Sondertatbestand wird auf die spezielle Delinquenz bei der Inanspruchnahme von Subventionen abgestellt[174]; Schutzgut ist die „Institution der Subvention als wichtiges Instrument staatlicher Wirtschaftslenkung und die mit ihr verfolgten wirtschaftspolitischen Zielsetzungen als solche"[175]. Schon in bezug auf das Schutzgut unterscheidet sich dieser Sondertatbestand von dem französischen und italienischen Betrugstatbestand. Während geschütztes Rechtsgut des Art. 405 F.C.P. das Eigentum bzw. die Verfügungsfreiheit über das Eigentum ist, wird als geschütztes Rechtsgut des Art. 640 I.C.P. das öffentliche Interesse an der Unverletzbarkeit des Vermögens angesehen.

Der spezielle Charakter der Vorschrift des Subventionsbetruges wird ferner dadurch deutlich, daß ausdrücklich auch die Subventionen nach dem Recht der Europäischen Gemeinschaften in seinen sachlichen Anwendungsbereich fallen, wobei es keinen Unterschied macht, ob die Subventionen unmittelbar von EG-Stellen oder aufgrund von EG-Vorschriften von nationalen Stellen vergeben werden. In bezug auf die Ausfuhrerstattungen ist diese Erweiterung des Anwendungsbereichs des § 264 StGB jedoch unerheblich, da zu deren Vergabe nationale Stellen[176] ermächtigt sind und die Erschleichung einer Ausfuhrerstattung als Erschleichung einer Subvention dieser nationalen Behörde angesehen wird[177].

---

[172] Auf eine Subventionserschleichung können in Frankreich auch die Strafvorschriften des Zollgesetzes Anwendung finden.

[173] *Tiedemann,* ZRP 1976, S. 52; *Göhler / Wilts,* DB 1976, S. 1615.

[174] *Tiedemann,* ZRP 1976, S. 49 ff.

[175] *Schönke / Lenckner,* § 264 Anm. 4; vgl. auch *Tiedemann,* Wirtschaftsstrafrecht Bd. 2, S. 106.

[176] Vgl. „Liste der nationalen Dienststellen und Einrichtungen, die ermächtigt sind, die Ausgaben des Europäischen Ausrichtungs- und Garantiefonds für die Landwirtschaft zu tätigen", in ABl.EG Nr. C 27 vom 17. 3. 1972, S. 14 ff.

[177] Vgl. für Frankreich, *Delmas-Marty,* La délinquance, S. 65; allgemein, *Pescatore,* EuR 1970, S. 312 f.

a) Der Anwendungsbereich der einschlägigen Strafvorschriften

Das deutsche Strafrecht gilt gemäß § 6 Nr. 8 StGB unabhängig vom Recht des Tatortes auch für einen Subventionsbetrug, der im Ausland begangen wird. Wird z. B. eine EG-Subvention in Frankreich oder Italien erschlichen, so gilt hierfür auch das deutsche Strafrecht. Eine derartige Ausweitung des Geltungsbereichs der Strafvorschriften kennt weder das französische noch das italienische Recht.

b) Der objektive Tatbestand

Bei einem Vergleich der nationalen Strafvorschriften ist die Frage von besonderer Bedeutung, „welches Verhalten als betrugstauglich angesehen" wird[178], eine Frage, die sich auf das allen objektiven Tatbeständen gemeinsame Merkmal der Täuschungshandlung bezieht. Besondere Anforderungen an die Täuschungshandlung stellt das französische Recht, das in Art. 405 F.C.P. neben dem Gebrauch eines falschen Namens, einer falschen Stellung oder Eigenschaft die Täuschung mittels betrügerischer Machenschaften aufführt. Eine schlichte Täuschung zum Beispiel in Form einer einfachen Lüge oder ein bloßes Unterlassen reicht für eine Täuschung mittels betrügerischer Machenschaften nicht aus. Vielmehr müssen die „manœuvres frauduleuses" immer in einem besonderen positiven Tun zum Ausdruck kommen.

Eine derartige einengende Fassung der Täuschungshandlung kennt der italienische Betrugstatbestand nicht. Es genügt jedes auf Täuschung abzielende Verhalten, wobei jedoch umstritten ist, ob auch das bloße Schweigen oder Unterlassen eine Täuschungshandlung darstellen kann.

In Deutschland sind Gegenstand der Täuschungshandlung die subventionserheblichen Tatsachen, also insbesondere die Vergabevoraussetzungen[179]. Subventionserheblich sind diese Tatsachen nur dann, wenn sie gemäß § 264 Abs. 7 StGB als solche besonders ausgewiesen sind; ist dies nicht der Fall, scheidet eine Bestrafung nach § 264 StGB aus[180]. Diese in Absatz 7 erfolgte Formalisierung der Subventionserheblichkeit soll in Verbindung mit dem SubvG sicherstellen, „daß sowohl die Vergabevoraussetzungen für den Subventionsempfänger als auch etwaige Täuschungshandlungen für den Subventionsgeber und die Strafverfolgungsbehörde möglichst klar erkennbar sind"[181]. Mit dieser Formalisierung sollen die Mängel der früheren Vergabepraxis beseitigt werden, die wegen der unklaren Formulierung der Vergabe-

[178] *Kohlmann*, Die Behandlung des Betruges, S. 118.
[179] *Tiedemann*, Subventionskriminalität, S. 321.
[180] *Schönke / Lenckner*, § 264 Anm. 27.
[181] *Schönke / Lenckner*, § 264 Anm. 28.

voraussetzungen häufig zu Subventionsfehlleitungen und Beweisschwierigkeiten im Strafverfahren führten[182]. Fehlt hingegen die Bezeichnung als subventionserhebliche Tatsache im Sinne von Absatz 7, ist § 264 StGB nicht anwendbar. Es kommt dann allerdings eine Bestrafung nach dem generellen Betrugstatbestand, § 263 StGB, in Betracht[183], der in der Strafandrohung dem § 264 StGB entspricht. Zwar gilt § 264 StGB als abschließende Sonderregelung gegenüber dem allgemeinen Betrugstatbestand[184], soll aber nicht zu einer Privilegierung des Täters in solchen Fällen führen, in denen zwar die Voraussetzungen des § 263 StGB gegeben sind, nicht jedoch die des § 264 StGB[185].

In Deutschland tritt zu dieser allgemein gehaltenen Fassung der Täuschungshandlung noch die Tathandlung des § 264 Abs. 1 Nr. 2 StGB: Der Subventionsnehmer läßt „den Subventionsgeber entgegen den Rechtsvorschriften über die Subventionsvergabe über subventionserhebliche Tatsachen in Unkenntnis". Im Zusammenhang mit § 3 SubvG, der das Prinzip der Subventionsehrlichkeit normiert, wird hierdurch eine umfassende Pflicht zur Mitteilung der subventionserheblichen Tatsachen begründet, die zum nachträglichen Wegfall der Subventionsvergabevoraussetzungen führen können. Diese wie auch die Regelung des § 4 SubvG bezüglich der Scheingeschäfte und des Mißbrauchs von Gestaltungsmöglichkeiten stellen verwaltungsrechtliche Ergänzungen zu der Regelung des § 264 StGB dar. Sie berühren die materiellen Vergabevoraussetzungen von Subventionen und sind insofern auf Subventionen, die nach EG-Recht gewährt werden, nicht anwendbar. Etwas anderes würde nur gelten, wenn der Gemeinschaftsgesetzgeber auf EG-Ebene ebenfalls derartige verwaltungsrechtliche Regelungen über die Subventionsvergabe aufstellen würde. Eine derartige Regelung für Schein- und Umgehungsgeschäfte kennen das französische und italienische Recht nicht.

c) Der subjektive Tatbestand

Während in Frankreich und Italien der subjektive Betrugstatbestand vorsätzliches Handeln erfordert, kennt das deutsche Strafrecht neben der vorsätzlichen (§ 264 Abs. 1, 2 StGB) auch die leichtfertige Begehungsweise (§ 264 Abs. 3 StGB) des Subventionsbetruges. Insoweit muß in Deutschland im Gegensatz zu den anderen Ländern dem Täter einer

---

[182] *Schönke / Lenckner,* § 264 Anm. 28; vgl. auch *Tiedemann,* Subventionskriminalität, S. 321 f.

[183] *Dreher / Tröndle,* § 264 Anm. 39; *Lackner,* § 264 Anm. 6; *Schönke / Lenckner,* § 264 Anm. 87 f.

[184] *Dreher / Tröndle,* § 264 Anm. 5; *Schönke / Lenckner,* § 264 Anm. 87; *Lackner,* § 264 Anm. 10.

[185] *Schönke / Lenckner,* § 264 Anm. 87, der in Anm. 88 weitere Fälle der Anwendbarkeit des § 263 bei Nichtvorliegen der Voraussetzungen des § 264 aufzeigt.

Subventionserschleichung nicht notwendigerweise vorsätzliches Verhalten nachgewiesen werden, um ihn wegen Subventionsbetruges verurteilen zu können; es genügt der Nachweis grob fahrlässigen Verhaltens.

d) Darstellung der Unterschiede an Hand des Süddeutschen Getreideskandals

Die dargestellten Unterschiede der auf eine Subventionserschleichung anwendbaren nationalen Strafvorschriften sollen am oben[186] geschilderten *Süddeutschen Getreideskandal* aufgezeigt werden:

aa) Ausgangsfall

Die Täter führten Getreideprodukte in Drittländer aus. Statt die tatsächliche Qualität der Produkte in den Zollerklärungen anzugeben, täuschten sie mittels fiktiver Ein- und Verkaufsverträge sowie erschlichener Atteste öffentlich vereidigter Gutachter den Export höherwertiger Getreideprodukte vor und erhielten hierfür die Ausfuhrerstattungen[187]. Den Tätern konnte vorsätzliches Handeln nachgewiesen werden.

In allen Ländern stellt diese Handlung einen Betrug bzw. Subventionsbetrug dar[188]. Besondere Beachtung verdient die Regelung in Art. 640 Abs. 2 I.C.P., wonach ein Betrug „a danno dello Stato o di un altro ente pubblico“ straferschwerend wirkt, eine Subventionserschleichung also immer gemäß Art. 640 Abs. 2 I.C.P. bestraft wird.

In allen Ländern ist die Strafandrohung für eine Subventionserschleichung Freiheits- und/oder Geldstrafe. Der Strafrahmen für die Freiheitsstrafe ist im wesentlichen gleich: in Deutschland bis zu fünf Jahren, in Frankreich und Italien von einem Jahr bis zu fünf Jahren. Daneben kann u. a. die Einziehung der Gegenstände, auf die sich die Tat bezieht, angeordnet werden[189].

bb) 1. Fallvariante

Die Täter geben nur eine falsche Zollerklärung in bezug auf die Warenqualität ab. Sie verwenden nicht die fiktiven Ein- und Verkaufsverträge sowie die erschlichenen Atteste. Ihnen kann vorsätzliches Verhalten nachgewiesen werden.

In Deutschland und Italien wäre diese Handlung ebenfalls eine Täuschungshandlung im Sinne des § 264 StGB bzw. Art. 640 I.C.P., so daß

---

[186] Vgl. Fall Nr. 4.

[187] Die gleichzeitig vorliegende Abschöpfungshinterziehung wird hier außer acht gelassen.

[188] In Frankreich vgl. Art. 405 F.C.P.; in Italien vgl. Art. 640 I.C.P.; in Deutschland vgl. § 264 StGB.

[189] Vgl. insoweit die Ausführungen bezüglich der Abschöpfungshinterziehung mit der Einschränkung, daß gemäß Art. 11 F.C.P. die Gegenstände dem Täter gehören müssen.

in Deutschland wegen eines Subventionsbetruges, in Italien wegen eines Betruges bestraft werden müßte. In Frankreich ist die schlichte Falschangabe eine einfache Lüge und stellt für sich genommen keine betrügerische Machenschaft dar. Da die Abgabe der falschen Zollerklärung jedoch als „mise en scène" zu bewerten ist und diese in Verbindung mit der einfachen Lüge zu einer betrügerischen Machenschaft wird, ist auch in Frankreich eine Bestrafung wegen Betruges möglich. Für die Strafandrohung gilt das im Ausgangsfall Gesagte somit entsprechend.

cc) 2. Fallvariante

Die Handlung wird — wie im Ausgangsfall — mittels falscher Zollerklärung unter Verwendung der fiktiven Ein- und Verkaufsverträge sowie der erschlichenen Atteste oder — wie in der ersten Fallvariante — nur mittels falscher Zollerklärung begangen. Den Tätern kann jedoch lediglich grob fahrlässiges Verhalten nachgewiesen werden.

In Deutschland wäre der Tatbestand der *leichtfertigen Subventionserschleichung* erfüllt, unabhängig davon, ob die Tathandlung unter Verwendung der fiktiven Ein- und Verkaufsverträge sowie der erschlichenen Atteste begangen wurde. In Frankreich scheidet eine Bestrafung wegen Betruges aufgrund des fehlenden Vorsatznachweises aus. In Betracht käme jedoch eine Bestrafung wegen eines *Zollvergehens* (bei Verwendung der fiktiven Verträge und der erschlichenen Atteste) *oder* wegen einer *Zollübertretung* (bei Vorlage nur der falschen Zollerklärung). In Italien ist eine Bestrafung wegen Betruges ebenfalls wegen des fehlenden Vorsatznachweises nicht möglich. Eine Anwendung der Zollstrafvorschriften scheidet aus, da diese sich nur auf Abgaben, nicht aber auf Subventionen beziehen. Eine Bestrafung könnte nur wegen etwaiger *Begleitdelikte* wie zum Beispiel Urkundenfälschung erfolgen.

Während der leichtfertige Subventionsbetrug mit Freiheitsstrafe bis zu drei Jahren oder mit Geldstrafe bestraft wird, kann in Frankreich je nach Fallvariante eine Freiheitsstrafe bis zu drei Monaten und eine Geldstrafe in Höhe des doppelten Wertes des Betrugsgegenstandes oder nur eine Geldstrafe von 100 bis 500 FF verhängt werden.

e) Der Versuch

Der Versuch einer Subventionserschleichung steht in Frankreich dem vollendeten Delikt gleich, so daß auch dieselbe Strafandrohung zur Anwendung gelangt. In Deutschland ist keine Strafbarkeit des versuchten Subventionsbetruges vorgesehen; da der Subventionsbetrug als Gefährdungsdelikt ausgestaltet ist, erfaßt er bereits Täuschungshandlungen, die zur Erlangung von Subventionen vorgenommen werden. In Italien ist der Versuch des Betruges gemäß Art. 56 I.C.P. ebenfalls strafbar. Der Betrug ist jedoch als Erfolgsdelikt ausgestaltet. Im Gegensatz zu der französischen und deutschen Regelung werden alle Tathandlungen, die zu keinem Vermögensschaden und somit auch zu keinem Vermögensvorteil führen, als Versuchstaten bestraft mit der Folge, daß die Strafe gegenüber dem vollendeten Delikt um ein bis zwei Drittel gemindert wird.

Zusammenfassend bestehen in den Mitgliedstaaten Unterschiede[190] in bezug auf

— den sachlichen Anwendungsbereich der Strafvorschriften

— den objektiven Tatbestand

— den subjektiven Tatbestand

— die Strafandrohung

— die Strafbarkeit des Versuchs.

Insofern kann der Besonderen Untersuchungsgruppe nicht zugestimmt werden, die in ihrem Schlußbericht[191] zu dem Problem unterschiedlicher Sanktionen wie folgt Stellung nimmt:

> „Die Prüfung der konkreten Betrugsfälle hat keine erheblichen Unterschiede im Ausmaß der von den Mitgliedstaaten anwendbaren Sanktionen erkennen lassen. Dennoch kann die Rechtsprechung der Gerichte in der Praxis zu unterschiedlichen Ergebnissen führen; es ist für die Gruppe jedoch sehr schwierig, sich zu einem Fragenkomplex zu äußern, der die Souveränität und die Unabhängigkeit der richterlichen Gewalt berührt."

---

[190] Vgl. auch die bei *Delmas-Marty*, La délinquance, S. 157, angeführten Unterschiede.

[191] Kommission SEK (74) 3981 endg., S. 20.

Viertes Kapitel

Mögliche Konsequenzen der derzeitigen unterschiedlichen Regelungen

I. Wettbewerbsverzerrungen

Die Gewährung von Subventionen und — spiegelbildlich — auch die Nichterhebung von Abschöpfungen[1] erhöhen die Wettbewerbsfähigkeit der einzelnen am Wettbewerb beteiligten Unternehmen. Eine Verbesserung der wirtschaftlichen Lage des Subventionsempfängers tritt „gleichsam ex definitione“[2] durch den Zufluß von Kapital ein; werden auf der anderen Seite Abgaben nicht erhoben, wird kein Kapital entzogen. Beide Vorgänge erhöhen die Liquidität und Rentabilität des Subventionsempfängers bzw. Abgabenschuldners[3]. Gleiches gilt für das Erschleichen von Subventionen und die Hinterziehung von Abschöpfungen[4]. Aus dieser Liquiditäts- und Rentabilitätsverbesserung ergibt sich die wettbewerbspolitische Relevanz einer Abschöpfungshinterziehung oder einer Subventionserschleichung. Den unmittelbaren Zusammenhang zwischen Delikt und Wettbewerb soll folgendes Beispiel[5] zeigen:

> A hinterzieht im Laufe mehrerer Jahre Abschöpfungsbeträge bzw. empfängt unberechtigt Subventionen in Millionenhöhe. Diesen Betrag verwendet er zur Rationalisierung seines Betriebes; Kostenvorteile gegenüber seinen Mitbewerbern sind die Folge. Mittels Preissenkungen kann A seine Konkurrenten aus dem Wettbewerb drängen, so daß er schließlich eine Monopolstellung innehat; aus dieser Monopolstellung kann A dann mittels Preissteigerungen weitere erhebliche Gewinne ziehen.

Durch diese Abgabenersparnis bzw. Subventionserlangung hat A gegenüber seinen redlich handelnden Konkurrenten einen entschei-

[1] Im wesentlichen erzielt ein staatlicher Einnahmeverzicht durch die Nichterhebung von Abgaben ein wirtschaftlich gleiches Ergebnis wie eine direkte Subventionierung; vgl. *Tiedemann*, Subventionskriminalität, S. 25.

[2] *Tiedemann*, Subventionskriminalität, S. 20.

[3] *Tiedemann*, Subventionskriminalität, S. 20.

[4] *Tiedemann*, Subventionskriminalität, S. 21.

[5] In Anlehnung an *Zybon*, Wirtschaftsdienst 1975, S. 365, der zugibt, daß in vielen praktischen Fällen dieser unmittelbare Zusammenhang „weniger offen zutage“ tritt.

denden Wettbewerbsvorsprung erzielt. Er betreibt einen durch seine Sogwirkung besonders gefährlichen Wettbewerb[6]. Die Sogwirkung dieser unlauteren Praktiken verleitet Unternehmen der gleichen Branche, zwecks Erhaltung der Wettbewerbsfähigkeit ebenfalls Zuwiderhandlungen vorzunehmen[7]. Aus dem delinquenten Verhalten ergeben sich somit Wettbewerbsvorteile eines unredlich handelnden Unternehmers gegenüber seinem Mitkonkurrenten.

Fraglich ist, ob die auf dieses unredliche Verhalten anzuwendenden Strafnormen bzw. die unterschiedliche nationale Ausgestaltung der Strafbestimmungen ebenfalls Wettbewerbsverzerrungen zur Folge haben[8]. Eine derartige Wettbewerbsverzerrung könnte z. B. darin gesehen werden, daß die Zollvorschriften des französischen Rechts allein auf die Erfüllung des objektiven Tatbestandes abstellen, während in Deutschland und Italien eine Bestrafung ohne Verschulden nicht möglich ist.

Eine Wettbewerbsverzerrung liegt dann vor, „wenn ein Wirtschaftszweig mehr oder weniger belastet ist als der Durchschnitt der Gesamtwirtschaft desselben Landes und wenn eine entsprechende Mehr- oder Minderbelastung des gleichen Wirtschaftszweiges in einem anderen Mitgliedstaat nicht vorliegt“[9]. Bereits an der ersten Voraussetzung wird deutlich, daß die unterschiedliche Ausgestaltung der Strafnormen keine wettbewerbsverzerrende Wirkung hat. Können schon Zweifel gehegt werden, ob die Strafnormen überhaupt einen Wirtschaftszweig *belasten* — bei redlichem Verhalten kommen diese gar nicht zur Anwendung —, so ist auf jeden Fall festzuhalten, daß die Strafnormen nicht einen speziellen Wirtschaftszweig betreffen, wie z. B. die Landwirtschaft. Die anzuwendenden Vorschriften z. B. des Zoll- und Steuerrechts gelten für alle Wirtschaftszweige.

---

[6] *Krause*, S. 156; *Götz*, Subventionserschleichung, S. 3 f.

[7] *Tiedemann*, Subventionskriminalität, S. 36: So konnten auf dem EWG-Agrarmarkt Manipulationen bei den Exporterstattungen aufgedeckt werden, die Firmen derselben Produktbranche etwa zur gleichen Zeit vorgenommen haben. Gerichte haben Einlassungen von Angeklagten als wahr unterstellt, als glaubhaft angesehen oder als strafmildernd gewertet, „die auf die Branchenüblichkeit der Zuwiderhandlung abzielten“. *Zybon*, Wirtschaftsdienst 1975, S. 366 f., bezeichnet solche Situationen als „Konfliktsituationen“: einzelnen wirtschaftskriminellen Taten kann Nachsicht entgegengebracht werden, „ohne sie damit grundsätzlich zu bejahen“.

[8] So *Johannes*, ZStW 83 (1971), S. 543; *ders.*, EuR 1968, S. 122; *Krause*, S. 156; *Bianconi*, RMC 1975, S. 36; *Zybon*, Wirtschaftsdienst 1975, S. 364 ff.; *Landau*, Manuskript, S. 3; *Ehle*, AWD 1969, S. 41 ff., der sich jedoch in einem Gespräch mit dem Verfasser von dieser Meinung distanziert hat. Vgl. auch allgemein *Götz*, Subventionserschleichung, S. 3 f.: Der Subventionsschwindel kann Wettbewerbsverzerrungen und damit mittelbar auch Schäden der Wettbewerber zur Folge haben.

[9] *Von der Groeben*, ZfRV 1967, S. 134; vgl. auch *Mestmäcker*, S. 55 f.

Eine Wettbewerbsverzerrung aufgrund der unterschiedlichen Ausgestaltung der Strafnormen liegt somit nicht vor.

II. Verstoß gegen das Diskriminierungsverbot des Art. 7 EWGV

Eine Diskriminierung ist immer dann gegeben, wenn vergleichbare Tatbestände unterschiedliche Regelungen erfahren[10]. Oben[11] wurde dargelegt, daß auf die gleichen Zuwiderhandlungen unterschiedliche Strafbestimmungen in den Mitgliedstaaten Anwendung finden[12]. Insofern könnten die Mitgliedstaaten gegen das Diskriminierungsverbot des Art. 7 Abs. 1 EWGV verstoßen.

Art. 7 Abs. 1 EWGV bestimmt, daß „unbeschadet besonderer Bestimmungen dieses Vertrages ... in seinem Anwendungsbereich jede Diskriminierung aus Gründen der Staatsangehörigkeit verboten" ist[13]. Art. 7 Abs. 1 EWGV, der außer der Gemeinschaftsgewalt auch die Mitgliedstaaten bindet[14], verbietet also eine Diskriminierung „aus Gründen der Staatsangehörigkeit". Dies bedeutet positiv, daß Diskriminierungen aus anderen Gründen als der Staatsangehörigkeit nicht unter das Verbot des Art. 7 Abs. 1 EWGV fallen, wie sich einem Urteil des Europäischen Gerichtshofs[15], das sich mit dem deutschen Kartellordnungswidrigkeitenrecht befaßt, entnehmen läßt:

> „Art. 7 EWGV verbietet den Mitgliedstaaten, ihr Kartellrecht je nach der Staatsangehörigkeit der Betroffenen unterschiedlich anzuwenden. Er erfaßt jedoch nicht Unterschiede in der Behandlung, die sich aus den zwischen den Rechtsordnungen der Mitgliedstaaten bestehenden Unterschieden ergeben, sofern diese Rechtsordnungen auf alle ihrer Herrschaft unterworfenen Personen nach objektiven Merkmalen und ohne Rücksicht auf die Staatsangehörigkeit der Betroffenen anwendbar sind."

---

10 *Ipsen*, S. 602.

11 Vgl. den rechtsvergleichenden Überblick, oben 3. Kap., IV.

12 *Ehle*, AWD 1969, S. 44, führt als Beispiel einer Diskriminierung die Bestrafung einmal ohne Rücksicht auf Verschulden im französischen Zollrecht, zum andern nur bei nachgewiesenem Verschulden wie in Deutschland an.

13 Daß das Diskriminierungsverbot auch im Strafrecht gilt, soweit es Institute des Gemeinschaftsrechts schützt, hat *Johannes*, ZStW 83 (1971), S. 558 f., dargelegt. Vgl. auch *Pabsch*, S. 18: „Es ist durchaus denkbar, daß auch das Diskriminierungsverbot ... gewisse Ausstrahlungen auf das materielle Strafrecht zeitigen ... wird."

14 *Ipsen*, S. 599.

15 Vom 13. 2. 1969, RsprGH XV, S. 17; vgl. auch: *Johannes*, ZStW 83 (1971), S. 559; *Ipsen*, S. 594; *Delmas-Marty*, La délinquance, S. 153; ferner das Urteil des EuGH vom 15. 7. 1970, RsprGH XVI, S. 764, bezüglich der Berücksichtigung von Unterschieden im Steuerrecht der Mitgliedstaaten.

Entscheidend ist demnach, daß die Staatsangehörigen aller Mitgliedstaaten innerhalb des Systems eines Mitgliedslandes gleich behandelt werden[16].

Den Strafsystemen der einzelnen Mitgliedstaaten sind alle in ihrem Geltungsbereich befindlichen Personen ohne Ansehung der Staatsangehörigkeit unterworfen. Es ist daher ohne Relevanz, ob ein Deutscher, Franzose oder Italiener in Deutschland, Frankreich oder in Italien eine Abschöpfungshinterziehung oder Subventionserschleichung begeht. Die Ungleichbehandlung bezieht sich also nur auf den „Wirkungsbereich des einzelnen Mitgliedstaates"[17] und stellt somit keinen Verstoß gegen das Diskriminierungsverbot des Art. 7 Abs. 1 EWGV dar[18].

III. Nichterfüllung der Verpflichtung aus Art. 5 EWGV

Art. 5 EWGV zielt auf die Mitwirkungspflicht der Mitgliedstaaten bei der Durchführung des EWG-Vertrages ab[19]. Die Norm verlangt von den Mitgliedstaaten, daß sie in ihrem Hoheitsbereich alle geeigneten Maßnahmen treffen, um „die aus der Vergemeinschaftung erwachsenden Verpflichtungen zu erfüllen, den Gemeinschaften ihre Aufgabenerfüllung zu erleichtern und alles zu unterlassen, was die Verwirklichung der Vertragsziele gefährden könnte"[20].

Für den Bereich des Marktordnungssystems, in dem die Gemeinschaft über keine Exekutive verfügt, bedeutet dies, daß den Mitgliedstaaten die Anwendung und der Vollzug der Normen der gemeinsamen Marktordnungen obliegen[21]. Die ordnungsgemäße Durchführung der gemeinsamen Marktordnungen und somit auch die Gewährleistung des ordnungsgemäßen Funktionierens des Marktordnungssystems ist eine Vertragspflicht der Mitgliedstaaten. Zur Erfüllung dieser Vertragspflicht gehört auch, die Beachtung der Regelungen der gemeinsamen Marktordnungen mittels geeigneter Strafvorschriften sicherzustellen[22].

---

[16] Vgl. Schlußanträge des Generalstaatsanwalts *Roemer* vom 19. 12. 1968 in der Rechtssache 14/68, RsprGH XV, S. 28.

[17] *Kleinmann*, Anm. zum Urteil des BGH vom 6. 6. 1973 in AWD 1973, S. 480.

[18] Vgl. auch *Johannes*, EuR 1968, S. 73, der am Beispiel des Art. 27 der Satzung des Gerichtshofes der EWG, wonach jeder Mitgliedstaat „die Eidesverletzung eines Zeugen oder Sachverständigen wie eine vor seinen eigenen in Zivilsachen zuständigen Gerichten begangene Straftat" behandelt, darlegt, daß die „Anwendung der unterschiedlichen nationalen Strafrechte von der Staatsangehörigkeit des Täters unabhängig" ist und somit auch keine Verletzung des Diskriminierungsverbotes des Art. 7 Abs. 1 EWGV vorliegt.

[19] *Ipsen*, S. 213.

[20] *Ipsen*, S. 208; vgl. auch *Pescatore*, EuR 1970, S. 322 f.

[21] *Ipsen*, S. 835.

Johannes[23] sieht hierin eine Verpflichtung der Mitgliedstaaten, „für einen lückenlosen Sanktionsschutz zu sorgen“, das heißt, jeder Mitgliedstaat hat dafür zu sorgen, daß auch Verstöße gegen die landwirtschaftlichen Marktordnungen, die in anderen Mitgliedsländern begangen werden, von dem eigenen nationalen Strafrechtssystem erfaßt werden[24].

Indem Frankreich und Italien nur die Zuwiderhandlungen unter Strafe stellen, die sich auf die von den eigenen nationalen Behörden verwalteten Abschöpfungen und Subventionen beziehen, nicht jedoch die Zuwiderhandlungen bezüglich der Abschöpfungen und Subventionen, die von den anderen Mitgliedstaaten verwaltet werden, ist in diesen Ländern der strafrechtliche Schutz der europäischen Marktordnungen unvollständig. Dies gilt trotz der Regelung des Art. 426 Abs. 5 F.C.D. auch für Frankreich: Art. 426 Abs. 5 erfordert eine Warenbewegung aus oder nach Frankreich, so daß eine Abschöpfungshinterziehung, die keinen Bezug zum französischen Territorium hat, nicht strafbar ist. Die deutschen Strafnormen, die nicht nur die von deutschen Stellen verwalteten Abschöpfungen und Subventionen schützen, besitzen demgegenüber diesen umfassenden Strafschutz. Insoweit erfüllt Deutschland seine Verpflichtungen aus Art. 5 EWGV, wohingegen die anderen Mitgliedstaaten dieser Verpflichtung nur unvollständig nachkommen[25].

---

[22] Kommission SEK (74) 4227 endg., S. 1 f.; *Ipsen*, S. 836; *Delmas-Marty*, La délinquance, S. 156 f.; *Johannes*, EuR 1968, S. 107 f.; in diesem Sinne auch *Pescatore*, EuR 1970, S. 313, der davon ausgeht, daß eine Lücke im Gemeinschaftsrecht dies erforderlich mache, da der Gemeinschaftsgesetzgeber „nicht die Befugnis zum Erlaß von Sanktionen strafrechtlicher Natur“ besitze; ebenso *Tiedemann*, Wirtschaftsstrafrecht Bd. 2, S. 216.

Diese Pflicht obliegt den Mitgliedstaaten jedoch unabhängig davon, ob der Gemeinschaftsgesetzgeber eine strafrechtliche Regelungskompetenz besitzt. Da in den gemeinsamen Marktordnungen keine Sanktionsregelungen vorgesehen sind, müssen die Mitgliedstaaten gemäß Art. 5 EWGV für einen derartigen Strafschutz sorgen.

Ipsen, S. 216, folgert aus der Verpflichtung der Mitgliedstaaten, der Gemeinschaft die Erfüllung ihrer Aufgaben zu erleichtern, „daß die Staaten u. U. an Stelle der Gemeinschaftsorgane tätig werden müssen, wenn diese die ihnen obliegenden Aufgaben nicht erfüllen“; vgl. auch *Wohlfarth u. a.*, Art. 5 Anm. 3.

Auf die Frage einer Strafrechtskompetenz des Gemeinschaftsgesetzgebers wird unten, 5. Kap., noch ausführlich eingegangen.

[23] *Johannes*, EuR 1968, S. 124 f.

[24] *Johannes*, EuR 1968, S. 121.

[25] Um zu einem umfassenden Strafschutz zu gelangen, hat die Kommission in Zusammenarbeit mit Regierungssachverständigen der Mitgliedstaaten am 12. 8. 1976 dem Rat einen Entwurf für einen Vertrag „zur Änderung der Verträge zur Gründung der Europäischen Gemeinschaften zwecks Erlaß einer gemeinsamen Regelung zum strafrechtlichen Schutz der finanziellen Interessen der Gemeinschaften sowie zur Ahndung von Zuwiderhandlungen gegen die Vorschriften genannter Verträge“ vorgelegt; vgl. ABl.EG Nr. C 222

vom 22. 9. 1976, S. 2 ff. Das dazugehörige Protokoll, S. 7 ff., sieht die Übertragung der Strafverfolgung auf andere Mitgliedstaaten, die Gleichstellung der Gemeinschaftsmittel mit den nationalen öffentlichen Mitteln sowie Regelungen bezüglich der Rechtshilfe vor; vgl. Kommission SEK (74) 4227 endg., S. 3 ff.; Bull.EG 7/8 1976 Ziff. 2121.

Einer derartigen Vertragsänderung bedarf es jedoch nicht, um einen geeigneten Strafschutz zu schaffen. Aufgrund von Art. 5 EWGV sind die Mitgliedstaaten verpflichtet, ihre Strafvorschriften so zu gestalten, daß ein umfassender Strafschutz besteht. Insoweit ist ebenfalls Art. 8 Abs. 1 der VO (EWG) Nr. 729/70 des Rates vom 21. 4. 1970 über die Finanzierung der gemeinsamen Agrarpolitik, ABl.EG Nr. L 94 vom 28. 4. 1970, S. 16, überflüssig, der die Mitgliedstaaten verpflichtet, gemäß den einzelstaatlichen Rechts- und Verwaltungsvorschriften die erforderlichen Maßnahmen zu treffen, „um Unregelmäßigkeiten zu verhindern und zu verfolgen“.

Fünftes Kapitel

Möglichkeiten einer einheitlichen Ausgestaltung des strafrechtlichen Schutzes der Marktordnungen

I. Entwicklung der Strafrechtsangleichung

Die bisherigen Ausführungen haben ergeben, daß kein einheitlicher strafrechtlicher Schutz für die europäischen Marktordnungen in Deutschland, Frankreich und Italien besteht.

Wie schwierig sich die Arbeiten bezüglich einer Vereinheitlichung des strafrechtlichen Schutzes gestalten, soll kurz an Hand der Bemühungen der Kommission der Europäischen Gemeinschaften dargelegt werden[1]: Schon 1962 begannen auf Einladung der Kommission Gespräche mit Beamten der Mitgliedstaaten über eine bessere Zusammenarbeit auf dem Gebiet des Strafrechts. Diese Arbeiten wurden 1965 — nachdem ein Vorschlag eines Übereinkommens über die Verfolgung und Ahndung von Zuwiderhandlungen gegen Verordnungen, Richtlinien und Entscheidungen der Europäischen Gemeinschaften vorlag — unterbrochen, da unter den Experten keine Einigung über die Notwendigkeit eines derartigen weitgefaßten Übereinkommens erzielt werden konnte. Wie aus der Antwort[2] der Kommission vom 10. Januar 1969 auf die schriftliche Anfrage eines Abgeordneten des Europäischen Parlamentes nach dem Grund der Unterbrechung hervorgeht, wurde insbesondere geltend gemacht, daß ein derartiges Abkommen im EWG-Vertrag nicht vorgesehen sei. Auf die Frage nach dem Fortgang der Arbeiten führt die Kommission aus:

> „Die Kommission hat sich wiederholt um eine Wiederaufnahme der Arbeiten an einem allgemeinen Übereinkommen bemüht, obgleich ihr insoweit ein formelles Vorschlagsrecht nicht zusteht. Nachdem diese Bemühungen bisher ohne Erfolg blieben, prüfen die Dienststellen der Kommission, ob Möglichkeiten nach dem EWG-Vertrag bestehen, um

---

1 Vgl. hierzu Rat R/964/71 (JUR 34); *Delmas-Marty*, La délinquance, S. 154 ff.; *Bianconi*, RMC 1975, S. 37 ff.; *Johannes*, ZStW 83 (1971), S. 539 ff.; *ders.*, Rev.int.Dr.pén. 1971, S. 85 ff.; *Winkler*, S. 9.
Vgl. auch allgemein zur bisherigen internationalen Zusammenarbeit zur Bekämpfung der Wirtschaftskriminalität: *Tiedemann*, Wirtschaftsstrafrecht Bd. 2, S. 221 ff. m. w. Nachw.

2 ABl.EG Nr. C 6 vom 22. 1. 1969, S. 1 f.

Fragen im Bereich des Wirtschaftsstrafrechts zu regeln, die vordringlich geregelt werden müßten. Es handelt sich hierbei um folgende Punkte:

— Verstöße gegen das Gemeinschaftsstrafrecht und das hierzu ergangene nationale Recht, die in den einzelnen Mitgliedstaaten nach nationalem Recht als Übertretungen oder Verwaltungsunrecht qualifiziert werden, sowie

— Verstöße gegen den gemeinsamen Außenzolltarif, die landwirtschaftlichen Marktordnungen und gegen die harmonisierten oder noch zu harmonisierenden Steuervorschriften

sollten unabhängig vom Tatort in der ganzen Gemeinschaft strafbar sein."

Die Bemühungen der Kommission führten 1971 schließlich zum Erfolg. Die Justizminister der — zum damaligen Zeitpunkt — sechs Mitgliedstaaten kamen überein, eine eingehende Untersuchung der strafrechtlichen Probleme anzustellen, deren Schwerpunkte auf dem Zoll- und Steuerwesen, der Landwirtschaft sowie dem Lebensmittelbereich liegen sollten. Aufgrund dieses Beschlusses[3] hat die Kommission dann ihrerseits die Arbeiten aufgenommen[4]. Die eingesetzten Arbeitsgruppen legten bereits mehrere Berichte und Vorschläge vor[5].

Auch der Rechtsausschuß des Europäischen Parlaments wurde mit der Ausarbeitung eines Berichts über das Strafrecht der Gemeinschaft beauftragt[6]. Am 10. Februar 1977 verabschiedete das Europäische Parlament eine „Entschließung zu dem Verhältnis zwischen Gemeinschaftsrecht und Strafrecht"[7]. Das Europäische Parlament erkennt die Schwierigkeiten einer Harmonisierung des Strafrechts in der Gemeinschaft an, hält aber gleichwohl eine derartige Harmonisierung für notwendig. Es ist sich

„zwar bewußt, daß eine allgemeine Harmonisierung des nationalen Strafrechts der Mitgliedstaaten der Gemeinschaft eine komplizierte und heikle Angelegenheit ist, so daß sie kaum in naher Zukunft verwirklicht werden dürfte, weist jedoch mit Nachdruck darauf hin, daß die Gemeinschaft

[3] Vgl. Kommission SEK (74) 4227 endg., S. 1; ferner *Johannes,* Rev.int. Dr.pén. 1971, S. 86.

[4] Kommission SEK (74) 4227 endg., S. 2 f.

[5] Vgl. hierzu die ausführliche Darstellung in Kommission SEK (74) 4227 endg.; ferner den von der Kommission dem Rat am 10. August 1976 vorgelegten Entwurf (ABl.EG Nr. C 222 vom 22. 9. 1976, S. 2 ff.) für einen Vertrag „zur Änderung der Verträge zur Gründung der Europäischen Gemeinschaften zwecks Erlaß einer gemeinsamen Regelung zum strafrechtlichen Schutz der finanziellen Interessen der Gemeinschaften sowie zur Ahndung von Zuwiderhandlungen gegen die Vorschriften genannter Verträge"; vgl. Kommission, 10. Gesamtbericht, S. 100 f.; Kommission SEK (76) 4372.

[6] Vgl. den „Entwurf einer Aufzeichnung über die Beziehungen zwischen Gemeinschaftsrecht und Strafrecht" vom 8. 7. 1969 von *Boertien,* Dok PE 22504; ferner *Pintus,* Dok 178/72, S. 113 Fußn. 1, wonach sich die Arbeiten über das Strafrecht in der Gemeinschaft 1972 noch im Stadium der Vorbereitung befanden.

[7] ABl.EG Nr. C 57 vom 7. 3. 1977, S. 55 f.

überall dort eine Harmonisierung anstreben sollte, wo es um Verstöße gegen das Gemeinschaftsrecht geht"[8].

II. Ermächtigung des Gemeinschaftsgesetzgebers zum Erlaß von Verordnungen mit Zwangsmaßnahmen

Ein einheitlicher strafrechtlicher Schutz der europäischen Marktordnungen wäre am ehesten sichergestellt, wenn dem Gemeinschaftsgesetzgeber die Kompetenz zugewiesen wäre, Strafnormen für Verstöße gegen die Marktordnungen zu erlassen. Der Vorteil ergäbe sich aus einer einheitlichen Konzeption der Strafbestimmungen, die auf dem gemeinschaftlichen Territorialitätsprinzip beruhen und daher einen „lückenlosen Strafschutz im gesamten Bereich der Gemeinschaften" ermöglichen[9]. Diese gemeinschaftlichen Strafbestimmungen wären Teil des einheitlichen Gemeinschaftsrechts, so daß in der ganzen Gemeinschaft ein „gleicher und effektiver Schutz" der Marktordnungen gegeben wäre[10].

Beispielhaft für eine ein gemeinschaftliches Territorialitätsprinzip begründende Strafbestimmung wird auf Art. 27 der Satzung des Gerichtshofs der Europäischen Wirtschaftsgemeinschaft[11] verwiesen. Nach dieser Vorschrift behandelt jeder Mitgliedstaat „die Eidesverletzung eines Zeugen oder Sachverständigen wie eine vor seinen eigenen in Zivilsachen zuständigen Gerichten begangene Straftat[12]. Auf Anzeige[13] des Gerichtshofs verfolgt er den Täter vor seinen zuständigen Gerichten." Neben der Stadt Luxemburg als Sitz des Europäischen Gerichtshofs kann der Tatort einer Eidesverletzung aber auch im gesamten Bereich der Europäischen Gemeinschaften liegen, da der Gerichtshof gemäß Art. 25 § 3 der Verfahrensordnung[14] einzelne Sitzungen an einem anderen Ort als dem seines Sitzes abhalten oder gemäß Art. 26 der Satzung in Verbindung mit Art. 1 ff. der zusätzlichen Verfahrensordnung[15] die Vernehmung eines Zeugen oder Sachver-

---

[8] Punkt 1 der Entschließung.

[9] *Johannes,* EuR 1968, S. 65.

[10] Vgl. allgemein für das Gemeinschaftsrecht *Winkler,* S. 16.

[11] BGBl. 1957 II, S. 1166.

[12] Daß diese Vorschrift unmittelbar geltendes Strafrecht normiert, hat *Johannes,* EuR 1968, S. 69 ff., dargestellt; vgl. auch die Entscheidung des Bundesgerichtshofs, BGHSt 17, 121 für die insoweit übereinstimmende Vorschrift des Art. 194 Abs. 1 S. 2 EAGV.

[13] Dies übersieht *Johannes,* ZStW 83 (1971), S. 557, der davon ausgeht, daß auf diese Straftat die materiellen Strafrechte aller Mitgliedstaaten anwendbar und für die Verfolgung somit sechs nationale Gerichtsbarkeiten zuständig sind.

[14] BGBl. 1959 II, S. 1205.

[15] ABl.EG 1962, S. 1113.

ständigen durch ein Gericht seines Wohnsitzes anordnen kann. Da jeder Mitgliedstaat die Eidesverletzung wie eine vor seinen eigenen in Zivilsachen zuständigen Gerichten begangene Straftat behandelt, sind seine Strafbestimmungen unabhängig vom Tatort, von der Staatsangehörigkeit des Täters[16] sowie der Frage, „gegen wessen Interessen sich der Meineid richtet", anzuwenden[17]. Art. 27 der Satzung begründet somit ein gemeinschaftliches Territorialitätsprinzip: Die nationalen Vorschriften der Mitgliedstaaten sind auch auf im Ausland — d. h. im Bereich der Gemeinschaften — begangene Taten anwendbar, und zwar unabhängig von etwa entgegenstehenden einzelstaatlichen Regelungen[18].

1. Der EWG-Vertrag und das Strafrecht

Die Begründung einer Strafrechtskompetenz des Gemeinschaftsgesetzgebers für den Bereich des Marktordnungsrechts müßte sich aus den Verträgen zur Gründung der Europäischen Gemeinschaften ergeben. Außer in Art. 87 EWGV fehlt jedoch ein ausdrücklicher Hinweis auf das Strafrecht[19]. Art. 87 Abs. 2 lit. a EWGV sieht für das Gebiet des Wettbewerbsrechts die Einführung von Geldbußen und Zwangsgeldern vor. Dies ist in Art. 15 der VO Nr. 17 des Rates[20] geschehen.

Daß jedoch über das Wettbewerbsrecht hinaus auch andere Verordnungen Zwangsmaßnahmen enthalten können, ergibt sich aus Art. 172 EWGV[21]. Diese Vorschrift bestimmt die Zuständigkeit des Gerichtshofs zu unbestimmter Ermessensnachprüfung der vom Rat aufgrund des EWG-Vertrages erlassenen Verordnungen auch hinsichtlich der darin vorgesehenen Zwangsmaßnahmen. Für eine Anwendung dieser Regelung nicht nur auf das Wettbewerbsrecht spricht ein Vergleich mit dem Vertrag zur Gründung der Europäischen Atomgemeinschaft[22].

Art. 144 lit. b EAGV gibt dem Gerichtshof die Zuständigkeit zu unbeschränkter Ermessensnachprüfung bei Klagen, die wegen Zwangs-

---

[16] Vgl. *Johannes*, EuR 1968, S. 98: Eine Regelung ohne Rücksicht auf die Staatsangehörigkeit des Täters gewährt einen umfassenden Strafschutz.

[17] *Johannes*, EuR 1968, S. 70.

[18] *Johannes*, EuR 1968, S. 71.

[19] *Johannes*, EuR 1968, S. 66; *de Précigout*, RMC 1962, S. 143; *Delmas-Marty*, La délinquance, S. 121.

[20] ABl.EG 1962, S. 204.

[21] So die fast einhellige Meinung: vgl. *Winkler*, S. 22 ff. m. w. Nachw.; *Oetting*, S. 134 ff. m. w. Nachw.; *Ipsen*, S. 533; Kommission JUR/1441/75, S. 3; dagegen: der Deutsche Bundesrat, der jegliche Kompetenz des Gemeinschaftsgesetzgebers zum Erlaß von Straf- und Bußgeldvorschriften über Art. 87 Abs. 2 lit. a EWGV hinaus verneint; vgl. *Holch*, EuR 1967, S. 226, sowie EuR 1969, S. 223; ebenso *Schmitz*, S. 34.

[22] Wegen des Prinzips der Einheit des Gemeinschaftsrechts kann bei Auslegungsfragen des Vertrages auch der Text der anderen Verträge herangezogen werden; vgl. *Zuleeg*, EuR 1969, S. 103.

maßnahmen erhoben werden, die die Kommission gemäß Art. 83 EAGV verhängt. Die Zuständigkeit des Gerichtshofs ist also ausdrücklich auf die Fälle des Art. 83 EAGV beschränkt. Da die Zuständigkeitsregelung des Gerichtshofes im EAG-Vertrag grundsätzlich entsprechend der im EWG-Vertrag erfolgt ist[23], ergibt sich aus dem Fehlen der ausdrücklichen Verweisung auf Art. 87 Abs. 2 lit. a EWGV in Art. 172 EWGV, daß die Zuständigkeit des Gerichtshofs zu unbestimmter Ermessensnachprüfung nicht auf das Wettbewerbsrecht beschränkt ist.

Ferner ist darauf hinzuweisen, daß Art. 87 Abs. 2 lit. d EWGV im wesentlichen mit der Regelung des Art. 172 EWGV übereinstimmt[24], so daß es bei einer restriktiven Auslegung des Art. 172 EWGV dieser Vorschrift nicht bedurft hätte. Auch dies spricht dafür, Art. 172 EWGV eine über das Wettbewerbsrecht hinausgehende Geltung beizumessen.

2. Die Ermächtigungsgrundlage zum Erlaß von Verordnungen mit Zwangsmaßnahmen

Wird aus Art. 172 EWGV gefolgert, daß Verordnungen auch auf anderen Gebieten als dem des Wettbewerbsrechts Zwangsmaßnahmen enthalten können, stellt sich die Frage nach der Ermächtigungsgrundlage zum Erlaß derartiger Verordnungen.

a) Art. 172 EWGV

Die überwiegende Meinung sieht in Art. 172 EWGV selbst eine generelle Ermächtigungsgrundlage[25]. Zur Begründung werden im wesentlichen zwei Argumente herangezogen, die sich aus einem Vergleich des EWG- mit dem EGKS-Vertrag ergeben.

Der EGKS-Vertrag enthält in Art. 95 Abs. 1 und 2 eine Generalermächtigung der Kommission zum Erlaß von Sanktionen für den Bereich des Montanvertrages[26]: Die Kommission[27] kann in allen in dem EGKS-Vertrag nicht vorgesehenen Fällen unter bestimmten Voraussetzungen in Entscheidungen[28] die anzuwendenden Sanktionen be-

---

23 Vgl. *Winkler*, S. 23; *Oetting*, S. 136.

24 Vgl. *Oetting*, S. 136 m. w. Nachw.

25 *Ipsen*, S. 533; *Reuter*, S. 273 ff.; *Ehle / Meier* D 57; *Winkler*, S. 22 ff. m. w. Nachw.; vgl. auch *de Précigout*, RMC 1962, S. 142 f., der aus Art. 172 EWGV ebenfalls folgert, daß Verordnungen Zwangsmaßnahmen enthalten können, ohne jedoch die Frage nach der Ermächtigungsgrundlage zu stellen.

26 *Winkler*, S. 23; *Jescheck*, ZStW 65 (1953), S. 504 f.

27 Früher: Hohe Behörde; vgl. Art. 9 Abs. 1 des Vertrages vom 8. 4. 1965 zur Einsetzung eines gemeinsamen Rates und einer gemeinsamen Kommission der Europäischen Gemeinschaften, in ABl.EG Nr. 152 vom 13. 7. 1967, S. 2 ff.

28 Ein Vergleich des Art. 14 Abs. 2 EGKSV mit den Art. 189 Abs. 2 EWGV und 161 Abs. 2 EAGV zeigt, daß die Entscheidung nach Art. 95 Abs. 2 EGKSV der Verordnung des EWG- und EAG-Vertrages entspricht.

stimmen. Der Verweis auf diese ausdrückliche Generalermächtigung ist jedoch auch unter dem Gesichtspunkt der Einheit des Gemeinschaftsrechts[29] für die Auslegung des Art. 172 EWGV nicht hilfreich. Mangels ausdrücklicher Erwähnung einer derartigen generellen Ermächtigungsgrundlage im EWG-Vertrag kann ebensogut der Umkehrschluß gezogen werden, daß dem Gemeinschaftsgesetzgeber für den Bereich des EWG-Vertrages keine Generalermächtigung zum Erlaß von Verordnungen mit Zwangsmaßnahmen eingeräumt werden sollte.

Als Rechtfertigung für die Auslegung des Art. 172 EWGV im Sinne einer generellen Ermächtigungsgrundlage kann auch nicht der als Vorbild für diese Regelung geltende Art. 36 EGKSV herangezogen werden[30], dessen Abs. 2 die Möglichkeit einräumt, „wegen der nach den Bestimmungen dieses Vertrages festgesetzten finanziellen Sanktionen und Zwangsgelder ... Klage im Verfahren mit unbeschränkter Ermessensnachprüfung " zu erheben. Es wird übersehen, daß diese Regelung die Ermächtigung zum Erlaß von Sanktionen und Zwangsgeldern voraussetzt und der EGKS-Vertrag eine Reihe derartiger Ermächtigungen kennt[31]. Art. 36 EGKSV gibt dem Gerichtshof im Klageverfahren lediglich die Möglichkeit zu unbeschränkter Ermessensnachprüfung, enthält also eine Zuständigkeitsregelung sowie eine Erweiterung der Prüfungsbefugnis des Gerichtshofs[32]. Auch Art. 172 EWGV enthält nur eine Zuständigkeitsregelung für den Gerichtshof. Dies ergibt sich aus der systematischen Stellung im fünften Teil, Titel 1, 4. Abschnitt, der sich mit den Zuständigkeiten des Gerichtshofs befaßt; die Zuständigkeiten des Rates sind im Abschnitt 2 geregelt[33].

Der Auslegung des Art. 172 EWGV im Sinne einer generellen Ermächtigungsgrundlage für den Rat zum Erlaß von Verordnungen mit Zwangsmaßnahmen kann somit nicht zugestimmt werden. Vielmehr setzt Art. 172 EWGV die Kompetenz des Gemeinschaftsgesetzgebers zum Erlaß derartiger Verordnungen voraus, die eigentliche Ermächtigungsgrundlage muß aber in anderen Vertragsartikeln gesucht werden[34].

---

29 So *Winkler*, S. 23.

30 So aber *Johannes*, EuR 1968, S. 106.

31 Vgl. die Art. 47 Abs. 3; 54 Abs. 6; 58 § 4; 59 § 7; 64; 65 § 5, 6, 7; 68 § 6 EGKSV.

32 So auch *Oetting*, S. 135 f.

33 Vgl. *Oetting*, S. 135.

34 So auch Kommission JUR/1441/75, S. 4; *Mulder*, SEW 1962, S. 646 ff.; *Oetting*, S. 136; vgl. auch *Gleiss / Hirsch*, Art. 87 Anm. 23, die allerdings davon ausgehen, daß die Ermächtigung des Rates zum Erlaß von Sanktionen dem Vertrag insgesamt immanent sei.

Nach Auffassung des Deutschen Bundesrates, in *Holch*, EuR 1967, S. 226, gibt Art. 172 EWGV lediglich einen Hinweis darauf, daß „eine Strafgewalt der Gemeinschaft nicht schlechthin ausgeschlossen ist"; so auch *Schmitz*, S. 34 Fußn. 191.

b) *Art. 43 Abs. 2 in Verbindung mit Art. 40, 39 EWGV*

Ermächtigungsgrundlage zum Erlaß von Verordnungen mit Zwangsmaßnahmen könnte für den Bereich des Marktordnungsrechts Art. 43 Abs. 2 in Verbindung mit Art. 40, 39 EWGV sein. Gemäß Art. 40 Abs. 3 EWGV können die Marktordnungen alle „zur Durchführung des Art. 39 erforderlichen Maßnahmen einschließen". Der Erlaß von Verordnungen mit Zwangsmaßnahmen zum Schutz der Marktordnungen müßte dann eine „erforderliche Maßnahme" darstellen. Unzweifelhaft sind die Instrumente der Abschöpfung und Ausfuhrerstattung wesentliche Bestandteile der Marktordnungen. Verstöße hiergegen gefährden ihre ordnungsgemäße Durchführung.

Für das Gebiet des Marktordnungsrechts hat der Gemeinschaftsgesetzgeber die Regelungskompetenz; Art. 43 EWGV begründet eine normative Rechtsetzungsbefugnis[35]. Es erscheint jedoch befremdlich, einer gesetzgebenden Gewalt zwar die Kompetenz einzuräumen, direkt anwendbares Recht zu schaffen, aber keine Gesetze oder Rechtsnormen erlassen zu können, die bei einem Verstoß gegen das von ihr gesetzte Recht zur Geltung kommen[36]. Der Gemeinschaftsgesetzgeber hätte dann auf dem Gebiet des Marktordnungsrechts zwar die Regelungsbefugnis, aber keinen direkten Einfluß darauf, ob diese Regelungen auch befolgt werden[37]. Da es sich jedoch bei dem EWG-Vertrag nicht um eine „lex imperfecta" handelt[38], muß der Gemeinschaftsgesetzgeber auch die Möglichkeit haben, in den Marktordnungen für eventuelle Verstöße Zwangsmaßnahmen vorzusehen.

Die Notwendigkeit einer derartigen Regelung ergibt sich ferner aus einem Vergleich der einzelnen nationalen Strafsysteme. Dies gilt vor allem unter dem Gesichtspunkt des Territorialitätsprinzips. Die Gemeinschaft als supranationale Einheit[39] setzt unmittelbares Recht, das in allen Mitgliedstaaten gilt. Das Gemeinschaftsrecht stellt eine eigene Rechtsordnung dar, so daß die Marktordnungen und die jeweiligen Durchführungsvorschriften, also die nationalen Gesetze, von der Rechtsgrundlage her gesehen selbständig nebeneinander stehen[40]. Um diesem

---

[35] *Selvaggi*, S. 7; für *Olmi*, JUR/2031/70, S. 4, begründet Art. 43 EWGV eine der wichtigsten Kompetenzzuweisungen in den Gemeinschaftsverträgen.

[36] Kommission JUR/1441/75, S. 4; vgl. auch *Pabsch*, S. 56 f., allgemein für das Bedürfnis nach strafrechtlicher Sicherung durch den Träger der Hoheitsgewalt.

[37] *Johannes*, EuR 1968, S. 107, für die allgemeine Frage, ob dem Ministerrat die Befugnis zusteht, „durch Verordnungen die Mitgliedstaaten zum Erlaß von Sanktionsvorschriften zu verpflichten"; vgl. auch Kommission SEK (74) 3981 endg., S. 22 f.

[38] Vgl. *Oetting*, S. 137.

[39] Zur Frage der Gemeinschaft als Träger überstaatlicher Hoheitsgewalt vgl. *Pabsch*, S. 33 ff.

Gedanken Rechnung zu tragen, muß auch eine Strafnorm einheitlich in den Mitgliedstaaten dieses Gemeinschaftsrechts bewehren. Denn „was für das nationale Strafrecht eine Auslandstat ist, bleibt für das Gemeinschaftsrecht eine Inlandstat, wenn sie zwar außerhalb des Staates des forum, aber noch innerhalb eines anderen Mitgliedstaates begangen wird“[41].

Für eine auch Zwangsmaßnahmen umfassende Regelungskompetenz spricht ferner, daß gerade auf dem Gebiet des Marktordnungsrechts die zahlreichen Verordnungen[42] vom Gemeinschaftsgesetzgeber häufig geändert werden. Neue begünstigende oder belastende Regelungen werden eingeführt, und oft bleiben daneben alte Maßnahmen bestehen. Hierbei steht fest, daß „es für die Mitgliedstaaten nicht leicht ist, ihre Strafbestimmungen einem derart raschen Wandel anzupassen“[43].

Zwangsmaßnahmen sind somit erforderliche Maßnahmen im Sinne des Art. 40 Abs. 3 EWGV. Marktordnungen können somit auch Zwangsmaßnahmen vorsehen[44].

c) Art. 235 EWGV

Ermächtigungsgrundlage zum Erlaß strafrechtlicher Regelungen könnte Art. 235 EWGV sein. Die Voraussetzungen sind zweierlei:

— Es muß ein Tätigwerden der Gemeinschaft erforderlich erscheinen, „um im Rahmen des Gemeinsamen Marktes eines ihrer Ziele zu verwirklichen“, und

— im EWG-Vertrag sind „die hierfür erforderlichen Befugnisse nicht vorgesehen“.

Art. 235 EWGV ist eine sogenannte „Lückenschließungsvorschrift“[45]. Diese Kompetenz ist „ein vertraglich legalisierter Weg zu ‚supranationalisierender‘ Ausschöpfung aller in den Verträgen gesetzten Ziel-

---

[40] *Schmitz*, S. 33.

[41] *Johannes*, EuR 1968, S. 65.

[42] Nach Schätzungen liegt der Anteil des Agrarrechts am europäischen Recht bei über 95 %, vgl. *Schmitz*, S. 4.

[43] Kommission SEK (74) 3981 endg., S. 18 f.

[44] So auch *Mulder*, SEW 1962, S. 649 f.; nach *Oetting*, S. 136 f., läßt sich bei einer Vorschrift mit so allgemein gehaltenem Inhalt wie Art. 40 EWGV ohne Schwierigkeit im Rahmen dieser Bestimmung die Befugnis zum Erlaß von Sanktionsvorschriften begründen. Daß es sich hierbei um keine Annexkompetenz handelt, hat *Nicolaysen*, EuR 1966, S. 135 f., dargelegt: Die Fassung des Art. 40 Abs. 3 EWGV — „alle ... erforderlichen Maßnahmen“ — impliziert bereits die Kompetenzen, so daß sie für „die Herleitung weiterer Befugnisse keinen Bedarf läßt“. Zur Frage der Anwendung von den implied powers im Gemeinschaftsrecht vgl. auch *Ipsen*, S. 436 f.

[45] *Ipsen*, S. 103 f.

bestimmungen"[46]. Es müßte demnach ein Tätigwerden der Gemeinschaft auf strafrechtlichem Gebiet erforderlich erscheinen, um im Rahmen der Marktordnungen die Ziele zu erreichen.

Wie dargestellt, hat die Kommission die Kompetenz, Zwangsmaßnahmen in Verordnungen vorzusehen, die bei einem Verstoß gegen die Marktordnungen zur Anwendung gelangen. Insofern sind die Marktordnungen, vom Gemeinschaftsrecht her gesehen, nicht schutzlos. Es besteht keine „Lücke". Hieraus folgt, daß für das Gebiet des Marktordnungsrechts dem Gemeinschaftsgesetzgeber keine Kompetenz für strafrechtliche Regelungen aufgrund von Art. 235 EWGV zusteht[47].

---

46 *Ipsen*, S. 103.

47 Zur Möglichkeit der Einführung strafrechtlicher Regelungen im Gemeinschaftsrecht über Art. 235 EWGV wird auf den „Vorschlag einer Verordnung des Rates über das Statut für Europäische Aktiengesellschaften", Bull.EG, Beilage 4/75, verwiesen. Gemäß Art. 282 dieses Verordnungsvorschlages sind die Mitgliedstaaten verpflichtet, „in ihre Rechte Bestimmungen aufzunehmen, um die in Anhang IV aufgeführten Verhaltensweisen zu ahnden". In Anhang IV werden dann verschiedene Tathandlungen aufgeführt, die Verstöße gegen das Statut darstellen und mit „Strafe oder mit Geldbuße" zu bedrohen sind. Durch diesen Verordnungsvorschlag werden die Mitgliedstaaten verpflichtet, Strafnormen in ihre Rechtssysteme aufzunehmen, die durch diesen Vorschlag definierte Verhaltensweisen betreffen. Es wird also vorgeschrieben, „*was*" zu bestrafen ist, nicht jedoch „*wie*". Insofern trifft der Gemeinschaftsgesetzgeber strafrechtliche Regelungen, die je nachdem, welche Strafe die Mitgliedstaaten vorsehen, auch in den Bereich des Kriminalstrafrechts fallen können.

In seiner Stellungnahme zu diesem Verordnungsvorschlag geht das Europäische Parlament noch weiter. In Punkt 34 seiner Entschließung vom 11. Juli 1974, vgl. EP-Vorschlag S. 7 sowie *Pintus* DOK 178/72, S. 9, fordert das Parlament, „daß zur Gewährleistung der Einheitlichkeit der Strafen in einer Richtlinie die Art der Verstöße und der entsprechenden Strafen festgelegt werden müssen". Auch der Wirtschafts- und Sozialausschuß sprach sich für eine derartige Regelung aus, vgl. die Stellungnahme der Kommission zu dem Verordnungsvorschlag in Bull.EG, Beilage 4/75, S. 196. Dieser Forderung hält die Kommission in ihrer Stellungnahme folgendes entgegen: „Die Erfüllung der Forderung des Parlaments würde schwierige Rechtsfragen bezüglich der Gleichwertigkeit der angedrohten Strafen der verschieden stark voneinander abweichenden Strafrechte und Strafverfahrensrechte aufwerfen und die Komplexität des Statuts nach Ansicht der Kommission unnötig erhöhen. Das zu erreichende Ziel ist die strafrechtliche Ahndung bestimmter im Anhang zum Statut (Anhang 4) niedergelegter Verhaltensweisen. Es kann der nationalen Gesetzgebung überlassen werden, die im jeweiligen nationalen Rahmen am besten geeigneten Mittel zur Erreichung dieses Zieles vorzusehen."

Die Kommission lehnt also die vom Parlament geforderte Regelung nicht mangels einer Kompetenz ab, sondern um den „schwierigen Rechtsfragen bezüglich der Gleichwertigkeit der verschieden stark voneinander abweichenden Strafrechte und Strafverfahrensrechte" zu entgehen. Hierbei dürfte es sich hauptsächlich um das Verhältnis zwischen Ordnungswidrigkeit und Straftat handeln, wie es im deutschen Rechtssystem enthalten ist. Hat der Gemeinschaftsgesetzgeber aber die Kompetenz, dann kann er auch die nach seiner Meinung am besten geeigneten Mittel zur Erreichung der strafrechtlichen Ahndung vorsehen. Insofern ist die Stellungnahme der Kommission nicht überzeugend.

III. Auslegung des Begriffs „Zwangsmaßnahme“

Kann der Gemeinschaftsgesetzgeber in Verordnungen zum Marktordnungsrecht auch Zwangsmaßnahmen vorsehen, die bei Zuwiderhandlungen zur Anwendung gelangen, muß eine Klärung erfolgen, was der Begriff „Zwangsmaßnahme“ beinhaltet. Nach einhelliger Auffassung fallen hierunter sowohl Zwangs- als auch Bußgeldandrohungen[48]. Im Ergebnis herrscht auch Einigkeit, daß Kriminalstrafen nicht unter den Begriff „Zwangsmaßnahmen“ fallen[49], sondern daß die Zwangsmaßnahmen, sofern es um Bußgelder geht, mit den Geldbußen des deutschen Ordnungswidrigkeitenrechts vergleichbar sind[50].

Bedenken hiergegen könnten sich aus der französischen und italienischen Fassung des Art. 172 EWGV ergeben, die gleichermaßen verbindlich sind wie der deutsche Text[51] und von „sanctions“ bzw. „sanzioni“, also von Strafen allgemein sprechen. Hierunter fallen nach dem Sprachgebrauch auch Kriminalstrafen. Hiervon geht auch *Oetting*[52] aus: Aus dem Wortlaut der Fassung der übrigen Amtssprachen ergebe sich unzweifelhaft, daß der Ausdruck Zwangsmaßnahmen in Art. 172 EWGV „den ganzen Bereich der Sanktionen“ umfasse. Zudem müsse berücksichtigt werden, daß die dem deutschen Recht bekannte Unterscheidung zwischen Straf- und Ordnungswidrigkeitenrecht den anderen Rechtssystemen fremd sei[53]. Dieser Argumentation muß jedoch die ausdrückliche Hervorhebung in Art. 15 Abs. 4 der VO Nr. 17 entgegengehalten werden, wonach die Entscheidungen der Kommission, die Geldbußen auf dem Gebiet des Wettbewerbsrechts festsetzen, „nicht strafrechtlicher Art“ sind[54].

---

[48] *Wohlfarth* u. a., Art. 172 Anm. 3; *Winkler*, S. 24; *Tiedemann*, GA 1969, S. 329; *Johannes*, EuR 1968, S. 106 f.

[49] *Ipsen*, S. 534; *Oetting*, S. 137 f.; BGH AWD 1973, S. 476; *Pescatore*, EuR 1970, S. 315.

[50] *Winkler*, S. 79; *Johannes*, EuR 1968, S. 66 Fußn. 3; *Wohlfarth u. a.*, Art. 172 Anm. 2; *Tiedemann*, GA 1969, S. 328; *ders.*, Kartellrechtsverstöße, S. 57; *ders.*, Wirtschaftsstrafrecht Bd. 1, S. 129; *Jescheck*, ZStW 65 (1953), S. 502 ff.; *Gleiss / Hirsch*, VO 17 Art. 15, 16 Anm. 4; Rat T/512/74 (JUR), S. 10. Vgl. aber *Bigay*, Revue trimestrielle de droit européen 1971, S. 54: Die gemeinschaftsrechtlichen Geldbußen der VO Nr. 17 haben rein verwaltungsrechtlichen Charakter.

[51] Vgl. Art. 248 EWGV.

[52] S. 137.

[53] Vgl. auch *Johannes*, EuR 1968, S. 107; *ders.*, ZStW 83 (1971), S. 538; nach *Mattes*, S. 376, gibt es weder in Frankreich noch in Italien ein dem deutschen Gesetz über Ordnungswidrigkeiten vergleichbares Gesetz, noch wird etwas derartiges angestrebt.

[54] Daß die Geldbuße gleichwohl dem Strafrecht im weiteren Sinn und nicht dem Verwaltungsstrafrecht zuzuordnen ist, hat *Winkler*, S. 50 ff., überzeugend dargelegt. Für die Zuordnung der Geldbuße des deutschen Ordnungswidrigkeitenrechts zum Strafrecht im weiteren Sinn vgl. nur *Schmitt*, S. 15 f.

Ferner spricht für eine nur auf Zwangs- und Bußgeldandrohungen beschränkte Auslegung des Begriffs Zwangsmaßnahmen, daß sowohl in Frankreich als auch in Italien und Deutschland niemals Kriminalstrafen von einer Verwaltungsbehörde verhängt werden dürfen. Die Geldbußen des Gemeinschaftsrechts werden aber von der Kommission als Verwaltungsbehörde in einem Verwaltungsverfahren festgesetzt[55]. Kriminalstrafen, von einer Verwaltungsbehörde ausgesprochen, stellen jedoch in den Mitgliedstaaten einen Verstoß gegen das verfassungsrechtlich verankerte Prinzip der Gewaltenteilung dar[56]. Die Verhänhung der Kriminalstrafen obliegt in allen Mitgliedstaaten der Rechtsprechung[57].

Die in Art. 172 EWGV erwähnten Zwangsmaßnahmen beinhalten somit keine Kriminalstrafen[58]. Hieraus folgt, daß dem Gemeinschaftsgesetzgeber gemäß Art. 43 in Verbindung mit Art. 40, 39 EWGV nur die Kompetenz zusteht, in den Marktordnungen für Zuwiderhandlungen Zwangs- und Bußgelder anzudrohen.

IV. Ermächtigung des Gemeinschaftsgesetzgebers zur Normierung von Straftatbeständen

Kann aus Art. 43 in Verbindung mit Art. 40, 39 EWGV eine Kompetenz des Gemeinschaftsgesetzgebers hergeleitet werden, in Verordnungen oder Richtlinien Straftatbestände für Zuwiderhandlungen gegen das Marktordnungsrecht aufzustellen, den Mitgliedstaaten jedoch die Art und Weise der Bestrafung, die Ausfüllung des Strafrahmens also, zu überlassen? Eine derartige Kompetenz würde zwar keine völlige Vereinheitlichung der auf eine Abschöpfungshinterziehung und Subventionserschleichung anwendbaren Strafbestimmungen bringen, aber auf diese Weise könnten immerhin die zur Erfüllung eines Tatbestandes notwendigen Voraussetzungen einheitlich geregelt werden. Nur bezüglich der Strafandrohung würden die aufgezeigten Unterschiede bestehen bleiben.

---

[55] *Winkler*, S. 57.

[56] *Winkler*, S. 58.

[57] Kommission JUR/1441/75, S. 5.

[58] Zu dem gleichen Ergebnis gelangt auch *Oetting*, S. 138, da sich eine „innere Begrenzung“ aus dem „Wesen der zulässigen Sanktionen“ ergebe: „Als Mittel, um die Befolgung von Sachregelungen im Rahmen des EWG-Vertrages zu erzwingen, sind die Sanktionen ihrem Wesen nach mit den dem deutschen Recht als Ordnungs- und Beugestrafen bekannten Maßnahmen identisch. Kriminalstrafen würden diesen Rahmen sprengen, nicht weil das Strafrecht im deutschen Recht ein in sich geschlossenes System und selbständiges Sachgebiet ist, sondern weil sie über den geschilderten, den Sanktionen immanenten Zweck hinausgehen würden.“

Gegen eine auch auf kriminalstrafrechtliche Regelungen ausgedehnte Kompetenz des Gemeinschaftsgesetzgebers ist die überwiegende Meinung mit unterschiedlichen Argumenten, die jedoch wenig überzeugen.

1. Das Strafrecht als Ausdruck nationaler Souveränität

Gemeinhin wird im Strafrecht „ein besonders hervorstechender Ausdruck nationaler Souveränität "gesehen[59], so daß eine Übertragung der strafrechtlichen Kompetenz auf den Gemeinschaftsgesetzgeber einer ausdrücklichen Regelung im EWGV bedurft hätte[60]. Die hierzu von *Johannes*[61] vertretene Auffassung, eine *Angleichung* des materiellen Strafrechts stelle keinen Souveränitätsverlust dar, erscheint in diesem Zusammenhang nicht überzeugend. Denn hier geht es nicht um die Angleichung der nationalen Strafrechte per nationaler Übereinkommen, sondern um die Begründung einer Strafrechtskompetenz des Gemeinschaftsgesetzgebers aus dem EWG-Vertrag, die *Johannes* selber bejaht. Eine durch ein internationales Abkommen der Mitgliedstaaten übertragene gemeinschaftsrechtliche Strafgewalt stellt auf keinen Fall einen Souveränitäts*verlust*, sondern einen freiwilligen Souveränitäts*verzicht* dar.

Daß jedoch auch bei der Annahme einer strafrechtlichen Kompetenz des Gemeinschaftsgesetzgebers kein Souveränitätsverlust vorliegen würde, ergibt sich aus folgendem: Durch den EWG-Vertrag wurden teilweise bestehende nationale Kompetenzen auf den Gemeinschaftsgesetzgeber übertragen, teilweise auch neue Materien begründet, für die der Gemeinschaftsgesetzgeber die alleinige Regelungsbefugnis erhielt. Bei der vertraglichen Übertragung von Kompetenzen auf den Gemeinschaftsgesetzgeber liegt eindeutig kein Souveränitätsverlust vor. Bei der Begründung neuer Materien und neuer Kompetenzen kann aus sich heraus schon kein Kompetenz- und damit Souveränitätsverlust vorliegen.

---

[59] *Johannes,* ZStW 83 (1971), S. 542.

[60] *Tiedemann,* GA 1969, S. 330; *ders.,* Wettbewerb und Strafrecht, S. 10; *ders.,* Kartellrechtsverstöße, S. 57; *Gleiss / Hirsch,* Art. 87 Anm. 24; *Pescatore,* EuR 1970, S. 313, spricht von einer „Lücke im Gemeinschaftsrecht", „insofern als die Verträge dem Gemeinschaftsgesetzgeber nicht die Befugnis zum Erlaß von Sanktionen strafrechtlicher Natur gegeben haben"; vgl. auch *Schmitz,* S. 34: „Die Übertragung der Strafgewalt auf die Europäische Wirtschaftsgemeinschaft stellt einen so einschneidenden Eingriff in die Hoheitsrechte eines Mitgliedstaates dar, daß sie nur angenommen werden kann, wenn sie im EWG-Vertrag eindeutig festgelegt wäre"; so im Ergebnis auch *Martinière,* S. 12 f.; *Watgen,* S. 5, geht davon aus, daß die Strafrechtskompetenz bei den Mitgliedstaaten verbleibt und sich der Gemeinschaftsgesetzgeber damit bescheiden müsse, in Verordnungen den Mitgliedstaaten die Verpflichtung aufzuerlegen, Verstöße gegen diese Verordnungen zu sanktionieren. Daß eine derartige Verpflichtung nicht nötig, sondern in Art. 5 EWGV bereits enthalten ist wurde oben, 4. Kap., III, dargelegt.

[61] ZStW 83 (1971), S. 542, 550 ff.

Die europäischen Marktordnungen mit dem gemeinschaftsrechtlichen Abschöpfungs- und Erstattungssystem stellen neue Materien mit neuen Instrumenten dar. Wenn für diese neue, übernationale Materie der Gemeinschaftsgesetzgeber neben den allgemeinen Regelungen auch strafrechtliche erlassen würde, könnte hierin kein Verlust an Souveränität gesehen werden.

2. Rechtspolitische Bedenken

Gegen eine Strafrechtskompetenz des Gemeinschaftsgesetzgebers wird ferner ein rechtspolitisches Argument angeführt: In allen Mitgliedstaaten obliege die Aufgabe, Strafgesetze aufzustellen, dem Gesetzgeber, der — da vom Volke gewählt — als Repräsentant des Volkes gilt. Eine derartige Legitimation besitze der Gemeinschaftsgesetzgeber jedoch nicht[62].

Diesen Bedenken kann entgegengehalten werden, daß es sich bei der Frage einer Strafrechtskompetenz um einen ganz eingeschränkten Anwendungsbereich handelt. Dem Gemeinschaftsgesetzgeber soll keine allgemeine Strafrechtskompetenz für Diebstahl und Mord, um nur zwei Beispiele zu nennen, zugestanden werden. Eine derartige umfassende Kompetenzeinräumung wäre sicherlich auch rechtspolitisch bedenklich. Solange es aber um das Funktionieren der wirtschaftlichen Institutionen des Gemeinschaftsrechts geht, zu denen auch die Marktordnungen gehören, ist nicht einzusehen, warum der, der eine Regelung aufstellen kann, nicht auch darüber befinden soll, wann ein Mißbrauch vorliegt und welche Konsequenzen dieser Mißbrauch nach sich zieht[63].

Gleichwohl ist im Ergebnis der herrschenden Meinung zuzustimmen und die von *Johannes* vertretene Auffassung[64] abzulehnen. Nach *Johannes* liegt die Kompetenz für das „ob" einer strafrechtlichen Regelung bei der EWG und nicht bei den Mitgliedstaaten. Diesen soll nur das „wie" der Bestrafung überlassen bleiben. Eine derartige Aufsplitterung der Kompetenzen kann jedoch nicht darüber hinwegtäuschen, daß die grundsätzliche Frage gestellt werden muß, ob der Gemeinschaftsgesetzgeber allgemein die Befugnis zum Erlaß von kriminalstrafrechtlichen Regelungen besitzt. Das von *Johannes* angeführte Argument der „lex imperfecta" zur Begründung einer derartigen Kom-

---

[62] Kommission JUR/1441/75, S. 5; nach *Holch*, EuR 1969, S. 214, stellt „angesichts des in den Verträgen nur äußerst schwach ausgebildeten parlamentarisch-demokratischen Elements ... die Rechtsetzung der Europäischen Gemeinschaften eine weitgehende Durchbrechung des Prinzips der palamentarischen Verantwortung dar".

[63] Daß diesem Argument nach einer Direktwahl zu einem europäischen Parlament der Boden entzogen werden könnte, soll hier nur angedeutet werden, erscheint aber wahrscheinlich.

[64] EuR 1968, S. 107 f.

petenz scheidet für das Marktordnungsrecht aus, da in diesem Bereich der Gemeinschaftsgesetzgeber die Befugnis besitzt, Verordnungen zu erlassen, die Zwangsmaßnahmen für den Fall von Zuwiderhandlungen vorsehen. Selbst wenn der Ansicht gefolgt wird, daß durch das Aufstellen von Kriminalstraftatbeständen bzw. durch die Verhängung von Kriminalstrafen das Gemeinschaftsrecht einen besseren Schutz erfährt als durch die Verhängung von Zwangsmaßnahmen[65], ist hier kein Raum für den Gedanken der „lex imperfecta", da der Gemeinschaftsgesetzgeber durch die Verhängung von Zwangsmaßnahmen einen Einfluß darauf hat, ob die von ihm erlassenen Regelungen auch befolgt werden[66].

Dem Gemeinschaftsgesetzgeber fehlt somit die Befugnis, Straftatbestände aufzustellen.

V. Strafrechtsschutz durch das nationale Strafrecht

1. Verweisung auf das nationale Strafrecht

Fehlt dem Gemeinschaftsgesetzgeber die Kompetenz, Straftatbestände zu normieren, fehlt ihm auch die Befugnis, in Verordnungen für bestimmte Verstöße auf das nationale Strafrecht zu verweisen.

Gemäß Art. 189 Abs. 2 EWGV hat die Verordnung allgemeine Geltung, ist in allen ihren Teilen verbindlich und gilt unmittelbar in jedem Mitgliedstaat. Bei einer Verweisung auf nationale Strafvorschriften wird somit unmittelbar geltendes Recht geschaffen[67]. Wer aber unmittelbar geltendes Strafrecht setzen will, muß auch die Kompetenz dazu haben. Daß dem Gemeinschaftsgesetzgeber die Kompetenz zum Erlaß kriminalstrafrechtlicher Regelungen nicht zusteht, wurde bereits[68] dargelegt.

---

[65] So *Bigay*, Revue trimestrielle de droit européen 1971, S. 55. Zum generalpräventiven Zweck des Strafens vgl. *Schmidhäuser*, S. 52 ff.; *Jescheck*, S. 53 f.

[66] Aus diesem Grund erscheint es bedenklich, über das Gebiet des Marktordnungsrechts hinaus für andere Bereiche eine Strafrechtskompetenz des Gemeinschaftsgesetzgebers aus dem Gedanken der „lex imperfecta" oder als Annexkompetenz herzuleiten, wie es *Johannes*, EuR 1968, S. 105 ff., darlegt. Gibt schon Art. 40 Abs. 3 EWGV dem Gemeinschaftsgesetzgeber die Befugnis, „alle erforderlichen Maßnahmen" zu erlassen, und fallen hierunter keine kriminalstrafrechtlichen Regelungen, kann schwerlich aus der Annexkompetenz zu anderen Vertragsartikeln eine allgemeine kriminalstrafrechtliche Regelungsbefugnis hergeleitet werden.

[67] Vgl. *Johannes*, EuR 1968, S. 104 f., der allerdings die Verweisung auf nationale Strafvorschriften für zulässig hält und von einer „beschränkten Kompetenz" des Ministerrats spricht, auf diesem Wege unmittelbar geltendes Strafrecht zu schaffen.

[68] 5. Kap. III.

2. Verpflichtung der Mitgliedstaaten zum Erlaß geeigneter Sanktionsvorschriften

Der Gemeinschaftsgesetzgeber kann aber die Mitgliedstaaten verpflichten, die zur Erreichung der Ziele der von ihm erlassenen Verordnungen oder Richtlinien notwendigen Ausführungsvorschriften zu erlassen, die dann auch Strafbestimmungen enthalten können[69].

Dieses Verfahren hat der Gemeinschaftsgesetzgeber in Ausführung des Art. 79 Abs. 3 S. 2 EWGV angewandt. Gemäß Art. 16 der VO Nr. 11 des Rates[70] sind die Mitgliedstaaten verpflichtet, geeignete Sanktionsvorschriften zu erlassen.

Daß diese Möglichkeit der Verpflichtung der Mitgliedstaaten jedoch keine Auswirkungen auf das Strafrecht hat, ergibt sich sowohl aus Art. 5 EWGV wie auch aus Art. 169 EWGV. Art. 5 EWGV beinhaltet bereits die Verpflichtung der Mitgliedstaaten, geeignete Sanktionsvorschriften zu erlassen[71]. Art. 169 EWGV gibt der Kommission unter bestimmten formalen Voraussetzungen die Möglichkeit, den Gerichtshof anzurufen, wenn ein Mitgliedstaat gegen eine Verpflichtung aus dem Vertrag verstößt. Die Kommission kann also auf dem Klageweg erreichen, daß die Mitgliedstaaten ihrer Verpflichtung aus Art. 5 EWGV nachkommen und geeignete Sanktionsvorschriften erlassen.

Eine Notwendigkeit, durch Verordnungen oder Richtlinien die Mitgliedstaaten zum Erlaß geeigneter Strafvorschriften zu verpflichten, besteht somit nicht[72].

Zusammenfassend ist somit festzustellen:

Der Gemeinschaftsgesetzgeber besitzt keine Kompetenz, Kriminalstraftatbestände für den Bereich des Marktordnungsrechts aufzustellen. Dies beinhaltet auch, daß ihm keine Befugnis zusteht, in Verordnungen auf bestehende nationale Strafgesetze zu verweisen. Art. 43 in Verbindung mit Art. 40, 39 EWGV räumt dem Gemeinschaftsgesetzgeber jedoch die Kompetenz ein, für das Gebiet des Marktordnungsrechts zum Schutze dieser Marktordnungen in Verordnungen Bußgelder zu statuieren.

---

69 Vgl. *Johannes*, EuR 1968, S. 99 f.; *Watgen*, S. 5.

70 ABl.EG Nr. 52 vom 16. 8. 1960, S. 1121, 1160.

71 *Mulder*, SEW 1962, S. 648 f.; vgl. oben 4. Kap. III.

72 Insofern etwas widersprüchlich *Johannes*, EuR 1968, S. 107 f., der aus Art. 5 EWGV die Kompetenz des Gemeinschaftsgesetzgebers herleitet, das „ob" der strafrechtlichen Regelung zu bestimmen, auf der anderen Seite aber ausführt, daß Art. 5 EWGV bereits die Mitgliedstaaten verpflichtet, die Ausführung der gemeinschaftsrechtlichen Verordnungen und Richtlinien durch Sanktionen zu sichern: „Die ausdrückliche Vorschrift in der betreffenden Verordnung zu dieser Pflicht hat daher dem Grunde nach neben Art. 5 nur noch deklaratorische Bedeutung und dient zweckmäßigerweise dazu, eine gewisse Einheitlichkeit zwischen den Ausführungsvorschriften der Mitgliedstaaten zu sichern." Vgl. hierzu auch *Oetting*, S. 137 Fußn. 144.

Ergebnis und Lösungsvorschlag

Es besteht kein einheitlicher strafrechtlicher Schutz der europäischen Marktordnungen für die Landwirtschaft. Es ist noch nicht einmal sichergestellt, daß alle Zuwiderhandlungen gegen das Marktordnungsrecht auch strafbar sind. Dies gilt einmal im Hinblick auf die — teilweise — fehlende Einbeziehung ausländischer Fiskalrechte in die eigene Rechtsordnung, zum anderen auch auf Schein- und Umgehungsgeschäfte. Darüber hinaus bestehen erhebliche Unterschiede bei den vorhandenen Strafbestimmungen in bezug auf den objektiven wie subjektiven Tatbestand sowie den Strafrahmen.

Eine Vereinheitlichung dieses strafrechtlichen Schutzes wäre am besten sichergestellt, wenn die Mitgliedstaaten dem Gemeinschaftsgesetzgeber im Wege einer Vertragsänderung gemäß Art. 236 EWGV die Kompetenz übertragen würden, zum Schutz der Institutionen des Gemeinschaftsrechts Straftatbestände aufzustellen, die einheitlich in allen Mitgliedstaaten aufgrund des EG-Territorialitätsprinzips gelten würden. Diese „Ideallösung“ dürfte aber an den politischen Gegebenheiten scheitern, da die Mitgliedstaaten zur Zeit generell einer Kompetenzerweiterung des Gemeinschaftsgesetzgebers sehr zurückhaltend gegenüberstehen.

Eine Verbesserung des strafrechtlichen Schutzes der europäischen Marktordnungen könnte jedoch auch schon dann erreicht werden, wenn der Gemeinschaftsgesetzgeber von der ihm gemäß Art. 43 in Verbindung mit Art. 40, 39 EWGV zustehenden Kompetenz Gebrauch machen und Tatbestände normieren würde, die als Rechtsfolge eine Geldbuße androhen. Mit der Normierung derartiger aufgrund des EG-Territorialitätsprinzips in allen Mitgliedstaaten geltenden Tatbestände sollte eine verwaltungsrechtliche Regelung über die Vergabevoraussetzungen von EG-Subventionen einhergehen, um auch die Schein- und Umgehungsgeschäfte erfassen zu können. Da nur das deutsche Recht mit dem Subventionsgesetz als verwaltungsrechtliche Ergänzung zum Tatbestand des Subventionsbetruges eine derartige Regelung kennt, empfiehlt sich bei der Ausgestaltung dieser Regelungen eine Anlehnung an die entsprechenden deutschen Bestimmungen.

Eine umfassende Vereinheitlichung aller Strafbestimmungen muß — solange dem Gemeinschaftsgesetzgeber die entsprechende Kompetenz nicht übertragen ist — einem internationalen Übereinkommen vorbehalten bleiben.

Literaturverzeichnis

Antolisei, Francesco: Manuale di diritto penale, Allgemeiner Teil I, 6. Aufl. Mailand 1972.

Bequet, Paul: La contrebande, Paris 1959.

Berr, Claude: Le contentieux douanier, Grenobel 1974.
zit.: 1. Rapport de synthèse.
2. Annexes.

Berr, Claude / *Tremeau*, Henri: Le droit douanier, Paris 1975.

Bianconi, Lafranco: Vers un droit pénal communautaire, in: RMC 1975, S. 33 ff.

Bigay, Jacques: Les incidences du droit communautaire sur le droit pénal français, in: Rideau, Joël / Gerbet, Pierre / Tarelli, Maurice / Chevallier, Roger-Michel, La France et les Communautés Européennes, S. 957 ff., Paris 1975.
zit.: Incidences.

Bigay, M.: L'application des règlements communautaires en droit pénal français, in: Revue trimestrielle de droit européen 1971, S. 53 ff.

Brändel, Claus: Das Zusammenwirken der europäischen Rechtsordnung mit den nationalen Rechtsordnungen; Bericht über den V. Internationalen Kongreß für Europarecht der F.I.D.E. in Berlin; Kommission I: Landwirtschaft, in: EuR 1971, S. 70 ff.

Brummer, Karl: Die neue Abgabenordnung, Assenhausen 1976.

Cortese, Guiseppe: La struttura della truffa, Neapel 1968.

Dalloz: Nouveau répertoire de droit, Bd. 2, Paris 1948.

D'Aniello, Mario e Felice: Leggi tributarie penali, 2. Aufl., Mailand 1964.

Delmas-Marty, Mireille: La criminalité des affaires et le Marché Commun; rapport no 2 „Les constats de la recherche"; Lille 1978.
zit.: La criminalité.

— La délinquance d'affaires dans le cadre des règles communautaires; Lille 1976.
zit.: La délinquance.

Dinter, G. J. van: La coopération entre l'ordre juridique communautaire et les ordres juridiques nationaux dans le secteur de l'agriculture. Niederländischer Bericht an die Kommission I (Landwirtschaft) des V. Internationalen Kongresses für Europarecht in Berlin 1970, Hg. F.I.D.E.

Dreher, Eduard / *Tröndle*, Herbert: Strafgesetzbuch, 38. Aufl., München 1978.

Dreiss, Wolfgang / *Eitel-Dreiss*, Monika: Erstes Gesetz zur Bekämpfung der Wirtschaftskriminalität, Bergisch Gladbach 1977.

Ehle, Dietrich: Rechtsschutz und Rechtseinheit im Europäischen Zollrecht, in: AWD 1969, S. 41 ff.

Ehle, Dietrich / *Meier*, Gerd: EWG-Warenverkehr, Köln 1971.

Europäische Gemeinschaften / Kommission:

— Agrarpolitik in der Europäischen Gemeinschaft, Brüssel 1975.
zit.: Agrarpolitik in der EG.

— Arbeitsdokument der Dienststellen der Kommission, Erläuterungen; Entwurf für einen Vertrag zur Änderung der Verträge zur Gründung der Europäischen Gemeinschaften zwecks gemeinsamer Regelung des strafrechtlichen Schutzes der finanziellen Interessen der Gemeinschaften sowie der Ahndung von Zuwiderhandlungen gegen die Vorschriften genannter Verträge, SEK (76) 4372 vom 6. 12. 1976.
zit.: Kommission SEK (76) 4372.

— Bericht der Kommission an den Rat über die Arbeiten betreffend eine engere Zusammenarbeit auf dem Gebiet der Verfolgung von Vergehen gegen das gemeinschaftliche Wirtschaftsrecht, im Hinblick auf die Tagung des Rates und die Konferenz der Vertreter der Mitgliedstaaten-Justizminister (November 1974), SEK (74) 4227 endg. vom 6. 11. 1974.
zit.: Kommission, SEK (74) 4227 endg.

— Besondere Untersuchungsgruppe: Bericht über den EAGFL — Garantie, Sektor Ölsaaten und Olivenöl, KOM (75) 37 endg. vom 5. 2. 1975.
zit.: Kommission KOM (75) 37 endg.

— Besondere Untersuchungsgruppe: Schlußbericht über den EAGFL — Abteilung Garantie, Sektor Milcherzeugnisse, SEK (74) 3981 endg. vom 23. 10. 1974.
zit.: Kommission, SEK (74) 3981 endg.

— Bulletin der Europäischen Gemeinschaften, Brüssel.
zit.: Bull. EG Nr., Jahrgang.

— Gesamtberichte über die Tätigkeit der Europäischen Gemeinschaften, Brüssel, Luxemburg.

— Juristischer Dienst: Suggestion de la Mission extraordinaire de Contrôle: Possibilité d'insertion de sanctions dans les règlements communautaires, JUR/1441/75 vom 25. 9. 1975.
zit.: Kommission JUR/1441/75.

— Le contrôle des recettes et des dépenses des Communautés Européennes, Vol. I, Brüssel 1973.
zit.: Kommission, contrôle des recettes et des dépenses Vol. I.

— Mitteilung der Kommission an den Rat über Maßnahmen, die zur Verhütung und Verfolgung betrügerischer Praktiken bei der Ein- und Ausfuhr von Agrarerzeugnissen zu treffen sind oder bereits getroffen wurden, SEK (67) 4967 endg. vom 19. 12. 1967.
zit.: Kommission, SEK (67) 4967 endg.

— Mitteilungen zur gemeinsamen Agrarpolitik, Nr. 4, September 1972. Hg. Abteilung Agrarinformation in Zusammenarbeit mit der Generaldirektion Landwirtschaft.
zit.: Kommission, Mitteilungen.

— Rapport sur l'application du règlement (CEE) No 283/72 du Conseil du 7 février 1972 concernant les irrégularités et la récupération des sommes indûment versées dans le cadre du financement de la politique agricole commune ainsi que l'organisation d'un système d'information dans ce domaine, COM (75) 507 fin. vom 15. 10. 1975.
zit.: Kommission COM (75) 507 fin.

Europäische Gemeinschaften / Parlament:
— Boertin: Entwurf einer Aufzeichnung über die Beziehungen zwischen Gemeinschaftsrecht und Strafrecht vom 8. 7. 1969, DOK PE 22504.
zit.: Boertin, DOK PE 22504.
— Pintus: Bericht über den Vorschlag der Kommission der Europäischen Gemeinschaften an den Rat (DOK 98/70) für eine Verordnung betreffend das Statut einer europäischen Aktiengesellschaft, Sitzungsdokument, Dokument 178/72 vom 30. 11. 1972.
zit.: Pintus, DOK 178/72.
— Vorschlag der Kommission der Europäischen Gemeinschaften für eine Verordnung betreffend das Statut der Europäischen Aktiengesellschaft mit dem vom Europäischen Parlament geänderten Text (Juli 1974), 1975.
zit.: EP-Vorschlag.

Europäische Gemeinschaften / Rat:
— Échange de vues sur les problèmes posés par la prévention et la sanction des infractions, ainsi que par le contrôle et l'assistance entre Etats membres, dans les matières faisant l'objet de règlements, directives et décisions des Communautés, et plus généralement en matière de droit pénal économique vom 27. 5. 1971.
zit.: R/964/71 (JUR 34).
— Mitteilung der Kommission an den Rat über Maßnahmen, die zur Verhütung und Verfolgung betrügerischer Praktiken bei der Ein- und Ausfuhr von Agrarerzeugnissen zu treffen sind oder bereits getroffen wurden. Aufzeichnung R/357/68 (AGRI 106) vom 1. 3. 1968.
zit.: Rat R/357/68 (AGRI 106).
— Préparation d'une session du Conseil et de la Conférence des ministres de la Justice à tenir au cours du deuxième semestre de 1974; — Règles générales relatives à la fixation de sanctions administratives par les institutions communautaires vom 28. 10. 1974.
zit.: Rat T/512/74 (JUR).

Franzen, Klaus / *Gast-de-Haan,* Brigitte / *Samson,* Erich: Steuerstrafrecht mit Steuerordnungswidrigkeiten, 2. Aufl. München 1978.
zit.: Franzen / Bearbeiter.

Garçon, Émile: Code pénal annoté, Bd. 3, Paris 1959.

Gassin, Raymond: Études de droit pénal douanier, Paris 1968.

Geerds, F.: Probleme zur Angleichung der europäischen Strafrechtssysteme, in Bundeskriminalamt Wiesbaden 1960 (Hg.), Internationale Verbrechensbekämpfung, Arbeitstagung im Bundeskriminalamt Wiesbaden vom 14. März bis 19. März 1960 über internationale Verbrechensbekämpfung.

Gleiss, Alfred / *Hirsch,* Martin: EWG-Kartellrecht, 2. Aufl. Heidelberg 1965.

Göhler, Erich: Gesetz über Ordnungswidrigkeiten, 5. Aufl. München 1977.

Göhler, Erich / *Wilts,* Walter: Das Erste Gesetz zur Bekämpfung der Wirtschaftskriminalität, in: DB 1976, S. 1609 ff.

Götz, Albrecht / *Göhler,* Erich: Der code pénal, Textausgabe mit Übersetzung, Berlin 1963.

Götz, Volkmar: Bekämpfung der Subventionserschleichung, Köln, Berlin, Bonn, München 1974.
zit.: Subventionserschleichung.
— Zum Recht der gemeinsamen Agrarpolitik der EWG, in: NJW 1968, 1545 ff.

Grasse, Rudolf: Probleme des Wirtschaftsstrafprozesses, in: Schimmelpfeng GmbH (Hg.): Aktuelle Beiträge zur Wirtschaftskriminalität, S. 75 ff., Frankfurt 1974.

Groeben, Hans von der: Zur Politik der Rechtsangleichung in der Europäischen Wirtschaftsgemeinschaft, in: ZfRV 1967, S. 129 ff.

Grützner, Heinrich: Synopse über die Behandlung von Zuwiderhandlungen gegen nationale Sanktionsvorschriften zu Verordnungen oder Richtlinien der Europäischen Wirtschaftsgemeinschaft in den einzelnen Mitgliedstaaten, Bonn 1965.

Gurski, Hans: Außenhandelskriminalität, insbes. die Subventionserschleichung, in: Tiedemann (Hg.): Die Verbrechen in der Wirtschaft, S. 29 ff., 2. Aufl. Karlsruhe 1972.

Holch, Georg: Der Bundesrat zur Rechtssetzung der Europäischen Gemeinschaften, in: EuR 1969, S. 213 ff.

— Der deutsche Bundesrat zur Rechtssetzung der EWG, in: EuR 1967, S. 217 ff.

Hübschmann, Walter / *Hepp*, Ernst / *Spitaler*, Armin: Kommentar zur Abgabenordnung und Finanzgerichtsordnung Bd. IV, 7. Aufl. Köln 1977.
zit.: Hübschmann / Bearbeiter.

Ipsen, Hans-Peter: Europäisches Gemeinschaftsrecht, Tübingen 1972.

Jescheck, Hans-Heinrich: Die Strafgewalt übernationaler Gemeinschaften, in: ZStW 65 (1953) S. 496 ff.

— Lehrbuch des Strafrechts, 3. Aufl. Berlin 1978.

Johannes, Hartmut: Das Strafrecht im Bereich der Europäischen Gemeinschaften, in: EuR 1968, S. 63 ff.

— Neue Tendenzen im Strafrecht der Europäischen Gemeinschaften, in: Rev.int.Dr.pén. 1971, S. 82 ff.

— Zur Angleichung des Straf- und Strafprozeßrechtes in der Europäischen Wirtschaftsgemeinschaft, in: ZStW 83 (1971), S. 531 ff.

Klein, Franz / *Orlopp*, Gerd: Abgabenordnung 1977, München 1977.

Kleinmann, Werner: Anmerkung zum Urteil des BGH vom 6. 6. 1973, in: AWD 1973, S. 480 ff.

Koch, Karl: Abgabenordnung 1977, Köln, Berlin, Bonn, München 1976.
zit.: Koch / Bearbeiter.

Kohlmann, Ernst: Die Behandlung des Betruges im ausländischen Strafrecht, iur.Diss. Freiburg, 1956.
zit.: Die Behandlung des Betruges.

Kohlmann, Günter: Steuerstraf- und Steuerordnungswidrigkeitenrecht einschließlich Verfahrensrecht (§§ 391 - 449 AO), Köln—Marienburg 1971.
zit.: Steuerstrafrecht.

Krause: Zoll- und Steuerhinterziehung und betrügerische Praktiken im Bereich der EWG-Marktordnung als Wirtschaftsstraftaten, in: Polizei-Institut Hiltrup (Hg.), Moderne Methoden zur Bekämpfung der Wirtschaftskriminalität (1971), S. 153 ff.

Kühn, Rolf / *Kutter*, Heinz / *Hofmann*, Ruth: Abgabenordnung, 12. Aufl. Stuttgart 1977.

Lackner, Karl: Strafgesetzbuch mit Erläuterungen, 12. Aufl. München 1978.

Landau, Ernest: Wirtschaftskriminalität, im Wirtschaftsfunk des Bayerischen Rundfunks vom 13. 6. 1975, Manuskript.

Larguier, Jean / *Larguier,* Anne-Marie: Droit pénal spécial, 2. Aufl. Paris 1976.

Les Dossiers: Centre d'Education et d'Information pour la Communauté Européenne (Hg.): Les dossiers de la politique agricole commune, no. 2; Paris 1971.
zit.: Les dossiers, no. 2.

Lohmeyer, Heinz: Die Straf- und Bußgeldvorschriften der AO 1977, in: DStZ A 1976, S. 239 ff.

Lorenzo, Mario di: Il contrabbando e gli altri reati doganali, Padua 1964.

Maggiore, Guiseppe: Diritto penale, Bd. 2, 4. Aufl. Bologna 1953.

Manzini, Vincenzo: Trattato di diritto penale italiano, Bd. 9, Bearbeiter: Pietro Nuvolone, 4. Aufl. Turin 1963.

Marini, Guiliano: Profili della truffa nell'ordinamento penale italiano, Mailand 1970.

Matinière, Jean Martin: Collaboration entre l'ordre juridique communautaire et les ordres juridiques nationaux dans le secteur de l'agriculture. Französischer Bericht an die Kommission I (Landwirtschaft) des V. Internationalen Kongresses für Europarecht in Berlin 1970, Hg. F.I.D.E.

Mattes, Heinz: Untersuchung zur Lehre von den Ordnungswidrigkeiten, 1. Halbband — Geschichte und Rechtsvergleichung — Berlin 1977.

Matthijs: Een dwingende noodzaak: Het systematiseren en het opbouwen van een zelfstandig gestructureerd economisch strafrecht en strafprocesrecht, in: R.W. 1975, S. 322 ff., 386 ff.

Mestmäcker, Ernst-Joachim: Europäisches Wettbewerbsrecht, München 1974.

Müller-Emmert, Adolf / *Maier,* Bernhard: Das Erste Gesetz zur Bekämpfung der Wirtschaftskriminalität, in: NJW 1976, S. 1657 ff.

Mulder, A.: Europees Recht en internationaal Strafrecht, in: SEW 1962, S. 642 ff.

Nicolaysen, Gert: Zur Theorie von den implied powers in den Europäischen Gemeinschaften, in: EuR 1966, S. 129 ff.

Nippoldt, Rolf: Die Strafbarkeit von Umgehungshandlungen, dargestellt am Beispiel der Erschleichung von Agrarsubventionen, iur.Diss. Gießen 1974.

Oetting, Ulf: Bundestag und Bundesrat im Willensbildungsprozeß der Europäischen Gemeinschaften, Berlin 1973.

Olmi, Giancarlo: Compétences communautaires et compétences nationales dans le domaine agricole; Communication présentée au Vème Congrès international de droit européen organisé par la F.I.D.E. et par la Wissenschaftliche Gesellschaft für Europarecht, Berlin 23.-26. 9. 1970; JUR/2031/70.

Opp, Karl-Dieter: Soziologie der Wirtschaftskriminalität, München 1975.

Pabsch, Wiegand Christian: Der strafrechtliche Schutz der überstaatlichen Hoheitsgewalt, Bonn 1965.

Pescatore, Pierre: Das Zusammenwirken der Gemeinschaftsrechtsordnung mit den nationalen Rechtsordnungen, in: EuR 1970, S. 307 ff.

Précigout, J. de: La sanction des infractions aux règlements de la C.E.E., in: RMC 1962, S. 142 ff.

Protokolle: des Sonderausschusses für die Strafrechtsreform der 7. Wahlperiode, S. 2467 ff.
zit.: Prot.

Rahn, Hans-Georg: Zum Recht der Ausfuhrerstattungen, in: AWD 1971, S. 110 ff.

— Zum Recht der Ausfuhrerstattungen, in: AWD 1973, S. 138 ff.

Reuter, Paul: Organisations européennes, 2. Aufl. Paris 1970.

Riz, Roland: Das italienische Strafgesetzbuch, Berlin 1969.

Rousselet, Marcel / *Arpaillange,* Pierre / *Patin,* Jacques: Droit pénal spécial, 8. Aufl. Paris 1972.
zit.: Rousselet u. a.

Schill, Emil: Der Betrug im französischen Recht, iur.Diss. Freiburg 1955.

Schmidhäuser, Eberhard: Strafrecht AT, 2. Aufl. Tübingen 1975.

Schmitt, Rudolf: Ordnungswidrigkeitenrecht, dargestellt für den Bereich der Wirtschaft, Köln, Berlin, Bonn, München 1970.

Schmitz, Paul Otto: Die Durchführung des gemeinschaftlichen Landwirtschaftsrechts in der Bundesrepublik Deutschland. Deutscher Bericht an die Kommission I (Landwirtschaft) des V. Internationalen Kongresses für Europarecht in Berlin 1970, Hg. F.I.D.E.

Schönke, Adolf / *Schröder,* Horst: Strafgesetzbuch (Kommentar), 19. Aufl. München 1978.
zit.: Schönke / Bearbeiter.

Seelmäcker, Hans-Joachim: Die Agrarfinanzierung der europäischen Wirtschaftsgemeinschaft, iur.Diss. Hamburg 1969.

Selvaggi, Carlo: La collaboration entre Etats et Communauté dans la mise en application du Taité en matière agricole. Italienischer Bericht an die Kommission I (Landwirtschaft) des V. Internationalen Kongresses für Europarecht in Berlin 1970, Hg. F.I.D.E.

Strunck: Betrügerische Praktiken auf dem Gebiet des Verkehrs, in: Innenminister des Landes Schleswig-Holstein (Hg.), Wirtschaftskriminalistische Arbeitstagung der norddeutschen Küstenländer vom 22. - 26. 11. 1971 in Plön-Koppelsberg.

Suhr, Gerhard / *Naumann,* Axel: Steuerstrafrecht, 3. Aufl. Herne, Berlin 1977.

Tiedemann, Klaus: Kartellrechtsverstöße und Strafrecht, Köln, Berlin, Bonn, München 1976.
zit.: Kartellrechtsverstöße.

— Plädoyer für ein neues Wirtschaftsstrafrecht, in: ZRP 1976, S. 49 ff.

— Subventionskriminalität in der Bundesrepublik, Hamburg 1974.
zit.: Subventionskriminalität.

— Wettbewerb und Strafrecht, Karlsruhe, Heidelberg 1976.
zit.: Wettbewerb und Strafrecht.

— Wirtschaftsgesetzgebung und Wirtschaftskriminalität, in: NJW 1972, S. 657 ff.

— Wirtschaftsstrafrecht im Ausland — Skizzen zur Entwicklung und Reform in: GA 1969, S. 321 ff.

Tiedemann, Klaus: Wirtschaftsstrafrecht und Wirtschaftskriminalität, Bd. 1, 2, Hamburg 1976.
zit.: 1. Wirtschaftsstrafrecht Bd. 1.
2. Wirtschaftsstrafrecht Bd. 2.

Tipke, Klaus: Steuerrecht, 6. Aufl. Köln 1978.

Véron, Michel: Droit pénal spécial, Paris, New York, Barcelona, Mailand 1976.

Vinciguerra, Sergio: I delitti doganali, Allgemeiner Teil, Mailand 1963.

Watgen, Raymond: Questionnaire sur la collaboration entre l'ordre juridique communautaire et les ordres juridiques nationaux dans le secteur de l'agriculture. Luxemburgischer Bericht an die Kommission I (Landwirtschaft) des V. Internationalen Kongresses für Europarecht in Berlin 1970, Hg. F.I.D.E.

Winkler, Rolf: Die Rechtsnatur der Geldbuße im Wettbewerbsrecht der Europäischen Wirtschaftsgemeinschaft, Tübingen 1971.

Wohlfarth, Ernst / *Everling*, Ulrich / *Glaesner*, Hans-Joachim / *Sprung*, Rudolf: Die Europäische Wirtschaftsgemeinschaft, Kommentar zum Vertrag, Berlin, Frankfurt 1960.
zit.: Wohlfarth u. a.

Zuleeg, Manfred: Die Auslegung des Europäischen Gemeinschaftsrechts, in: EuR 1969, S. 97 ff.

Zybon, Adolf: Wirstchaftskriminalität als gesamtwirtschaftliches Problem, in: Wirtschaftsdienst 1975, S. 364 ff.

FSC
www.fsc.org
MIX
Papier | Fördert gute Waldnutzung
FSC® C083411

Kolibri 360 GmbH
Ferdinand-Jühlke-Straße 7
99095 Erfurt, Deutschland
produktsicherheit@kolibri360.de

Druck:
CPI Druckdienstleistungen GmbH
im Auftrag der
Kolibri 360 GmbH
Ferdinand-Jühlke-Str. 7
99095 Erfurt